熵减

华为活力之源

编著

华为大学

主编

丁　伟

陈海燕

中信出版集团 | 北京

图书在版编目（CIP）数据

熵减：华为活力之源 / 华为大学编著 . -- 北京：中信出版社，2019.8 （2026.1 重印）

ISBN 978-7-5217-0734-2

Ⅰ. ①熵… Ⅱ. ①华… Ⅲ. ①通信企业–企业管理–经验–深圳 Ⅳ. ① F632.765.3

中国版本图书馆 CIP 数据核字（2019）第 111973 号

熵减：华为活力之源

编　　著：华为大学
出版发行：中信出版集团股份有限公司
　　　　　（北京市朝阳区东三环北路 27 号嘉铭中心　邮编　100020）
承 印 者：三河市中晟雅豪印务有限公司

开　　本：880mm × 1230mm　1/32　　印　　张：10　　字　　数：180 千字
版　　次：2019 年 8 月第 1 版　　印　　次：2026 年 1 月第 41 次印刷
书　　号：ISBN 978-7-5217-0734-2
定　　价：58.00 元

目录

第三部分

百家争鸣篇

序言

熵减的过程是痛苦的，前途是光明的

水从青藏高原流到大海，是能量释放的过程，一路欢歌笑语，泉水叮咚，泉水叮咚，泛起阵阵欢乐的浪花。遇山绕过去，遇洼地填成湖，绝不争斗。若流到大海再不回来，人类社会就死了。当我们用水泵把水抽到高处的时候，是用外力恢复它的能量，这个熵减过程多么痛苦呀！水泵叶片飞速地旋转，狠狠击打着水，把水打向高处，你听到过水在管子里的呻吟吗？我听见过："妈妈我不学钢琴呀！""我想多睡一会。""妈妈痛，好痛呀！我不要让叶片舅舅打我呀！我做作业了。"

人的熵减同样。从幼儿园认字、弹琴到小学学数学，从中学历史、物理到本科、硕士、博士，考试前的不眠之夜……好不容易毕业了，又要接受ABC的考核、末位淘汰等的挤压。熵减的过程十分痛苦，十分痛苦呀！但结果都是光明的。从小就不学习，不努力，熵增的结果是痛苦的，我想重来一次，但没有来生。

人和自然界，因为都有能量转换，才能增加势能，才使人类社会这么美好。

任正非

2018年1月15日

第一部分

理论探索篇

华为之熵，光明之矢

熵和生命活力，就像两支时间之矢，一头拖拽着我们进入无穷的黑暗，一头拉扯着我们走向永恒的光明。

今天和大家分享的内容，笔者认为是目前为止华为发展之道最不为人知的一个视角。

鲁道夫·克劳修斯发现热力学第二定律时，定义了熵。自然社会任何时候都是高温自动向低温转移热量。一个封闭系统最终会达到热平衡，没有了温差，再不能做功。这个过程叫熵增，最后状态就是熵死，也称热寂。

熵原本是热力学第二定律的概念，却被任总用于研究企业的发展之道，是贯穿任总管理华为的思想精华。

华为之所以不易被人理解，一个重大原因就是任总的思想源头摆脱了商学院式的理论框架，仿佛黄河源头的九曲十八弯，既有观察现实世界、不断实践的人性感悟，也有横贯东西方的科学和哲学洞察。

经济学的很多理论和计算方法都来源于物理学的启发，但鲜活的生命并不是经济学意义上的理性人和有限理性人。在人性和社会（人性的群体化）的复杂性面前，经济学已经落后甚至溃败，而熵的理论透过物理学和生命活力，直指人心。

任总把物理学、人性和哲学理念直接引入企业管理中，成就了华为独特的思想文化、价值观和发展战略。华为的发展不是偶然的，任总开创性的管理思想和战略起着决定性的作用。

一、华为之熵

1. 熵为何物?

这里，我们稍微探讨一下熵的物理学概念。熵首先是一个物理学概念，熵的单位是焦耳 / 热力学温度。热力学第二定律告诉我们，一个孤立系统的熵一定会随时间推移，达到极大值，系统会达到最无序的平衡态。因此，热力学第二定律也被称为熵增定律。1850 年熵增定律诞生的时候就有两种表述，后来不同学科、不同科学家又发表了很多种各不相同的表述。相比较，笔者更喜欢量子物理学和现代生物学的奠基人欧文·薛定谔对热力学第二定律的综合性描述：“一个非活的系统被独立出来，或是把它置于一个均匀的环境里，所有的运动由于周围的各种摩擦力的作用都将很快地停顿下来；电势或化学势的差别也消失了；形成化合物倾向的物质也是如此；由于热传导的作用，温度也变得均匀了。由此，整个系统最终慢慢地退化成毫无生气、死气沉沉的一团物质。这就达到了物理学家们口中的热力学平衡或‘最大熵’——这是一种持久不变的状态，其内部再也不会出现可以观察到的事件。”

熵是个不容易理解的概念。好在我们并不需要真正了解熵和热力学第二定律的经典物理学含义，只需要知道其社会学意义即可。笔者对此做了个总结，即：熵就是无序的混乱程度，熵增是世界上一切事物发展的自然倾向，即从井然有序走向混乱无序，最终灭亡。这在经典力学上的寓意更容易理解，即世界上没有永动机，所有系统最终都会走向平衡静止，即熵死。

有一次任总与中国人民大学的黄卫伟教授交流管理话题，黄教授把热力学第二定律介绍给了他。任总发现，自然科学与社会科学有着同样的规律。对于企业而言，企业发展的自然法则也是熵由低到高，逐步走向混乱并失去发展动力。因而，任总经常把华为和灭亡两个词关联起来就不足为奇了。从此，任总在考虑企业管理时，都会把熵增作为一个重要视角。

2. 生命的活力

抛开遥远的宇宙周期论和膨胀论，我们肉眼可见的现实世界显然也有生机勃勃的一面，那么和热力学第二定律所描述的万物走向混乱的差距何在？或者说什么可以对抗熵增，让世界有序繁荣？答案之一就是生命活力。

1943 年，薛定谔在剑桥大学三一学院的讲台上，面对爱尔兰总统等一众嘉宾，在“生命是什么”的主题演讲中提到，“自然万物都趋向从有序到无序，即熵值增加。而生命需要通过不断抵消其在生活中产生的正熵，使自己维持在一个稳定而低的熵水平上。生命以负熵为生”。1944 年，薛定谔把这一演讲主题写作成书，即

《生命是什么》，引导了以DNA（脱氧核糖核酸）为标志的现代生物学发展。

薛定谔将生命活力称为负熵，它使得自然万物与热力学的熵增反向运动。同理，企业要保持发展动力，需要依靠的就是人的生命活力。

任总说，（企业）要想生存就要逆向做功，把能量从低到高抽上来，增加势能，这样就发展了（于是诞生了厚积薄发的华为理念）；人的天性就是要休息、舒服，这样企业是无法发展的（于是诞生了以奋斗者为本，长期艰苦奋斗的华为理念）。任总正是通过洞察人性，才得出结论：只有激发出华为人的生命活力和创造力，才能得到持续发展的企业活力。

过去5亿年，遗传信息的数量增加了1亿比特。人类的DNA里记录了人类从尼安德特人、丹尼索瓦人就可以被追溯的本能，包括贪婪、懒惰、自我欣赏，而这正是人类进步的动力之源。

作为一个透彻理解人性的企业家，任总深知如何用金钱把人类的贪婪转化为动力，从而驱赶走懒惰的魔鬼，让十几万华为人在自我欣赏中向着同一个目标前进。这个道理西方管理学也早已洞悉，但矛盾在于：哪个创始人可以克服自己的贪婪？

为什么《圣经》中说，世界上难做的事情容易做成？

3. 耗散结构——开放的系统

生命都需要新陈代谢，都是开放的系统，也都是典型的耗散结构。

热力学第二定律是封闭系统的规律，避免熵死的方法之一就是建立耗散结构。耗散结构是普利高津在研究不违背热力学第二定律的情况下，就阐明生命系统自身的进化过程时提出的新概念，他因此获得了 1977 年诺贝尔化学奖。

耗散结构就是一个远离平衡的开放系统，通过不断与外界进行物质和能量交换，在耗散过程中产生负熵流，原来的无序状态转变为有序状态，这种新的有序结构就是耗散结构。

人类社会和群体组织既是一个远离平衡的结构，也具有非线性发展及开放性的特征，完全符合耗散结构的定义。因此，耗散结构的动力学模型应该适合人类社会。这是普利高津在 20 世纪 80 年代进一步阐发耗散结构时提出的重要观点。

任总在 2011 年的公司市场大会上说："公司长期推行的管理结构就是一个耗散结构，我们有能量一定要把它耗散掉，通过耗散，使我们自己获得新生。什么是耗散结构？你每天去跑步锻炼身体，就是耗散结构。为什么呢？你身体的能量多了，把它耗散了，就变成肌肉，变成有力的血液循环了。能量消耗掉，不会有糖尿病，也不会肥胖，身体苗条，人变漂亮了，这就是最简单的耗散结构。那我们为什么需要耗散结构呢？大家说，我们非常忠诚于这家公司，其实就是公司付的钱太多了，不一定能持续。因此，我们把这种对企业的热爱耗散掉，用奋斗者和流程优化来巩固。奋斗者是先付出后得到，这与先得到再忠诚，有一定的区别，这样就进步了一点。我们要通过把潜在的能量耗散掉，从而形成新的势能。"

任总一直批评华为自主创新，因为自主创新就把华为变成了一个封闭系统（于是诞生了开放合作的华为理念）。

普利高津在《探索复杂性》一书中写道："简单与复杂、无序和有序之间的距离远比人们通常想象的短得多。"

二、光明之矢

三十年河东，三十年河西。2017 年华为成立 30 年，任总重提华为如何避免熵死。光明之矢，正是要让华为避免走向熵死的黑暗。

封闭系统终究是要熵死的，没有活力的封闭企业也必将灭亡。任总如何把华为打造成一台耗散结构的开放活力引擎？

企业要想长期保持活力，就要建立耗散结构，对内激发活力，对外开放，与外部交换物质和能量，不断提升企业发展势能，不断拓展业务发展的作战空间。

从 1969 年普利高津提出耗散结构理论至今，已经过去了 50 年，这个理论逐步发展成为复杂系统科学，但仍处于不成熟不完善的发展阶段，不过实践经常走在理论的前面。

自然科学理论的属性无法和社会学严格地一一对应，这源于人类社会的复杂性。与天马行空的理论相比，任总似乎更喜欢探索实践，不断进化。

图 1 的华为活力引擎模型只是笔者过去对华为实践的不完整观察，仅供探讨。开放性、远离平衡、非线性是耗散结构的三个特征。ICT（信息通信技术）产业本身的发展规律就充满了非线性发展的不确定性和挑战，无须为企业刻意营造非线性环境。因此，本文重点探讨华为耗散结构中的开放性和远离平衡。

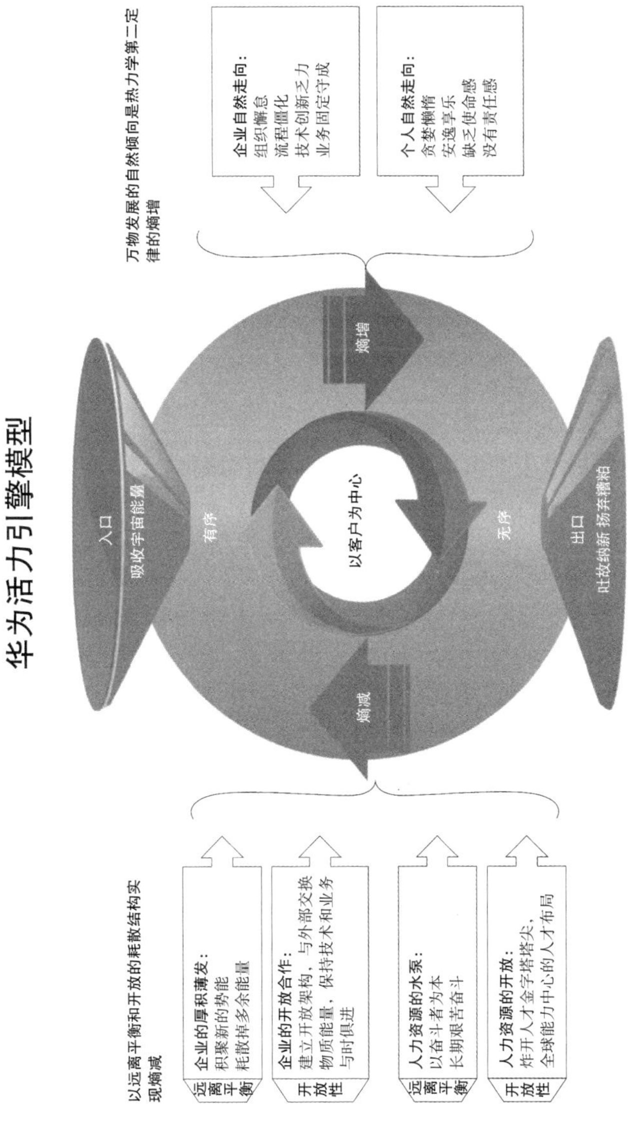

图 1　任正非以耗散结构为基础，打造华为活力引擎模型

一方面，华为通过企业的厚积薄发、人力资源的水泵实现远离平衡的耗散结构特性，使企业逆向做功，让企业从无序混乱转向有序发展。

另一方面，华为通过企业的开放合作、人力资源的开放实现耗散结构的开放性，从模型的入口和出口吐故纳新、吸收宇宙能量，为企业带来有序发展的外部动能。

下面为了方便叙述，笔者把华为活力引擎分成企业宏观和个人微观两个层面分别探讨。

企业宏观层面，我们把华为视为一个生命体，要从企业整体运作的战略高度解决熵增。即利用企业的厚积薄发和开放合作，解决企业发展过程中出现的组织惰怠、流程僵化、技术创新乏力、业务固化守成等问题。

个人微观层面，华为由无数个体的人组成，重在从人力资源管理角度，探索如何激发个体生命的活力，从而解决人的惰怠和熵增问题。

华为这台活力引擎的轴心是客户，是否能为客户创造价值是判断有序无序、熵增熵减的标准和方向。

1. 华为的宏观活力引擎

如图 2 所示，华为的耗散结构，既要消耗掉企业多余的能量，打破平衡静止的企业超稳态，建立新的发展势能；也要保持开放性，为企业锻造出一个开放发展、与时俱进的技术和业务平台。因此，任总赋予了华为两个发展理念，也可以认为是华为的两个发展战略，即厚积薄发和开放合作。

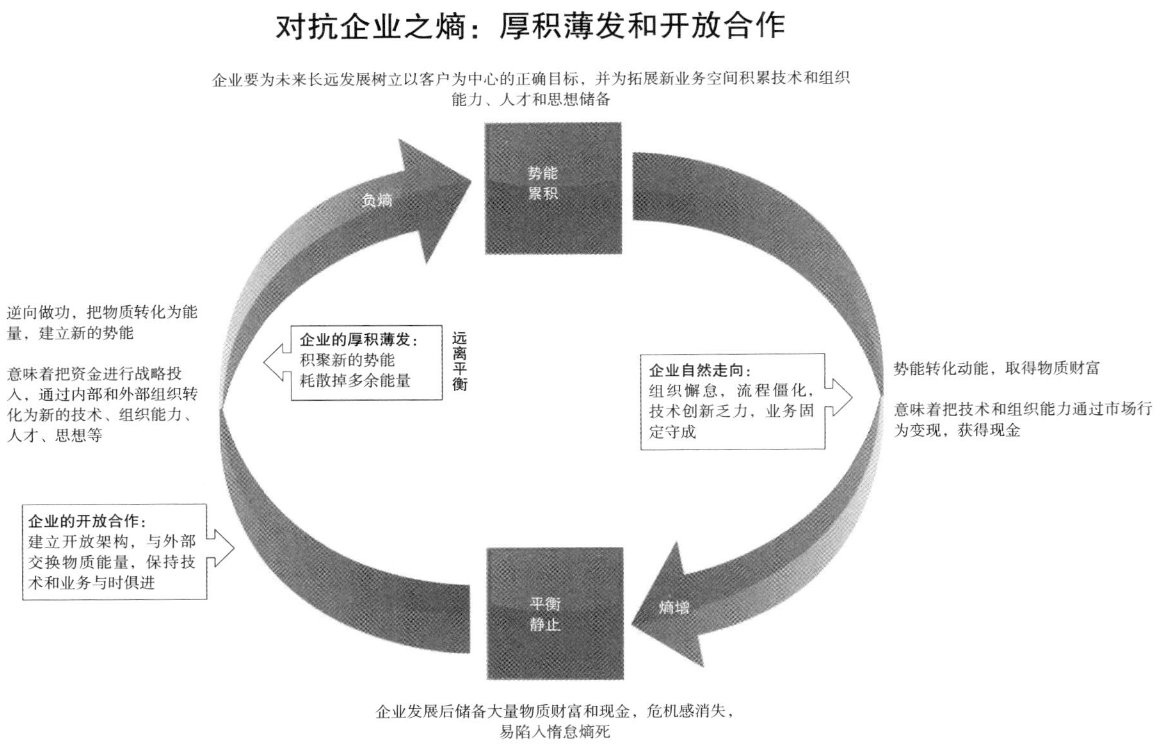

图2　华为宏观活力引擎模型

在华为宏观活力引擎模型中，开放合作与厚积薄发成为打造负熵流的主要方法。通过逆向做功，一方面消耗了多余的物质财富，打破平衡静止，避免物质财富过多导致的熵增；另一方面又建立起新的企业发展势能，为长远发展积聚能量。

在这里，势能可以理解为技术研发、组织管理能力、人才资源、思想战略、品牌声誉等的储备，是形成进入无人区、构筑世界级竞争力的综合能力。

厚积薄发和开放合作的战略相辅相成，又各有侧重。

厚积薄发

华为的发展理念与很多西方企业相比，最显著的不同在于华为是一个理想主义者，以企业长期发展为目标。而多数西方企业，一般以股东利益或公司利润最大化为目标。

华为通过厚积薄发战略，把企业物质财富最大化转化为企业发展势能，强化了内生动力。厚积薄发本身的理念更像一个能量守恒系统，偏重企业内生动力的循环往复。由于物质财富储备已经被消耗掉，也避免了企业因过度积累财富而失去危机感、惰怠，进而失去发展动力。

厚积薄发首先表现在把物质财富密集投入到科技研发领域。华为建立势能最突出的方式是研发面向战略聚焦领域，多路径、多梯队“范弗里特弹药量”地密集投资，过去 10 年华为在科技研发领域累计投入 2400 亿元人民币。

能量守恒系统本质上是个封闭系统，而耗散系统必须开放。华为厚积薄发的另一个重要方面就是开放式的，即不断引进国际管理经验，推动管理变革，积累组织能力方面的势能。从 1997 年开始，华为 20 余年来持续引进外部管理经验，包括 IBM（国际商业机器公司）、埃森哲、HayGroup（合益集团）、波士顿咨询等，这些经验为华为提供了 IPD（集成产品开发）、IFS（集成财经服务）等多方面的持续变革，使得华为的管理创新、组织结构创新、流程变革不断进步，奠定了华为成为一家全球化公司的根基。

通过厚积薄发积累了足够的势能，华为就有可能在核心领域进入无人区，构建世界级竞争力，同时也能积累能力进入更大的业务作战空间，获得更多物质财富，进而推动积累更大的势能。如此循环，企业进入良性发展状态。

开放与合作

塞萨尔·伊达尔戈在《增长的本质》一书中提到，“热力学第二定律表明，封闭系统的熵值趋于增长，意味着一个系统会从有秩序演变至无秩序”。

任总深谙这一道理，明确提出，“我们要建立开放的架构，促使数万公司一同服务信息社会，以公正的秩序引领世界前进”。在 2015 年与杨林的花园谈话中，任总进一步指出：“热力学讲不开放就要死亡，因为封闭系统内部的热量一定是从高温流到低温，水一定从高处流到低处，如果这个系统封闭起来，没有任何外在力量，就不可能再重新产生温差，也没有风。第二，水流到低处不能再回流，就是零降雨量，那么世界就会全部是超级沙漠，最后就会死亡，这就是热力学提到的‘熵死’。社会也是一样，需要开放，需要加强能量的交换，吸收外来的优秀要素，推动内部的改革开放，增强势能。外来能量是什么呢？外国的先进技术和经营管理方法、先进的思想意识冲击。”

文化是企业生生不息的土壤。开放的文化会孕育开放的思想。无论是科学理论的重大突破，还是主航道的无人区，开放的思想都会孕育出多样性和更多发展路径的分支，让华为在未来面临不确定性和黑天鹅突变时拥有充分选择权。分支的选择权，正是地球生命繁荣进化、避免熵死的根本，也是大自然最美妙的特性。而企业的分支选择权，只诞生在开放、非平衡的环境中，并由企业的理性做出最终选择。

在企业战略方面，任总为“大管道”战略定义了开放的属性：“我们把主航道修得宽到你不可想象，主航道里面走的是各种各样的船。要开放合作，才可能实现这个目标。”不做成吉思汗，不做黑寡妇，通过“深淘滩，低作堰”，华为积极开展与业界合作，构建日益高效的产业链和繁荣的生态系统，不断做大产业规模。

在科技研发的势能积累方面，任总经常旗帜鲜明地反对自主创新。在具有可选择性的领域，华为更愿意采用合作伙伴的解决方案，并对合作伙伴持续优胜劣汰、吐故纳新，从而长期保持与业界最优秀的伙伴进行合作。如果华为采取战略结盟的方式，甚至并购合作伙伴，就会失去选择权，失去选择权则意味着临近熵死。

华为的开放性还体现在作战空间的与时俱进。华为通过不断积累核心能力，一方面在当前核心领域力求深入无人区，构建独特竞争优势；另外一方面也根据行业价值转移的趋势，不断扩大作战空间。这些年来，华为从 CT（通信产业）发展到 IT（信息产业）和消费者领域，作战空间的有序扩张使华为长期积蓄的内在能量得到极大的迸发。“螺蛳壳里做不了道场”，一个公司如果不能跟随价值转移趋势与时俱进，一味固守原有的作战空间，内部再有能量也不能发挥其作用，只能导致企业的熵死。

开放的文化孕育出的开放的思想打开了生态合作空间和业务作战空间，使华为拥有了未来发展的选择权。正如《黑天鹅》一书作者纳西姆·尼古拉斯·塔勒布所说，在黑天鹅频发的时代，选择权可以让你具有反脆弱性。

2. 华为的微观活力引擎

微观的有序性产生宏观的力量。华为人的生命活力产生华为发展的力量。

华为最不被人理解甚至误解的企业理念就是“以奋斗者为本，长期艰苦奋斗”，而这点恰恰是华为微观活力引擎（图 3）的关键动力所在。华为通过人力资源的水泵实现逆向做功，增加势能，激发员工活力。

而作为耗散结构，华为人力资源的开放体现在全球能力中心的人才布局，以及炸开人才金字塔塔尖的人才结构，从而吸收外部人才带来的能量和秩序。同时，华为也加速内部人员流动，实行末位淘汰和退休政策。

人力资源的水泵：以奋斗者为本　长期艰苦奋斗

人的本性是贪婪懒惰和安逸享乐的，如何让人们长期艰苦奋斗、激发出生命活力？华为的具体做法就是用合理的价值分配，

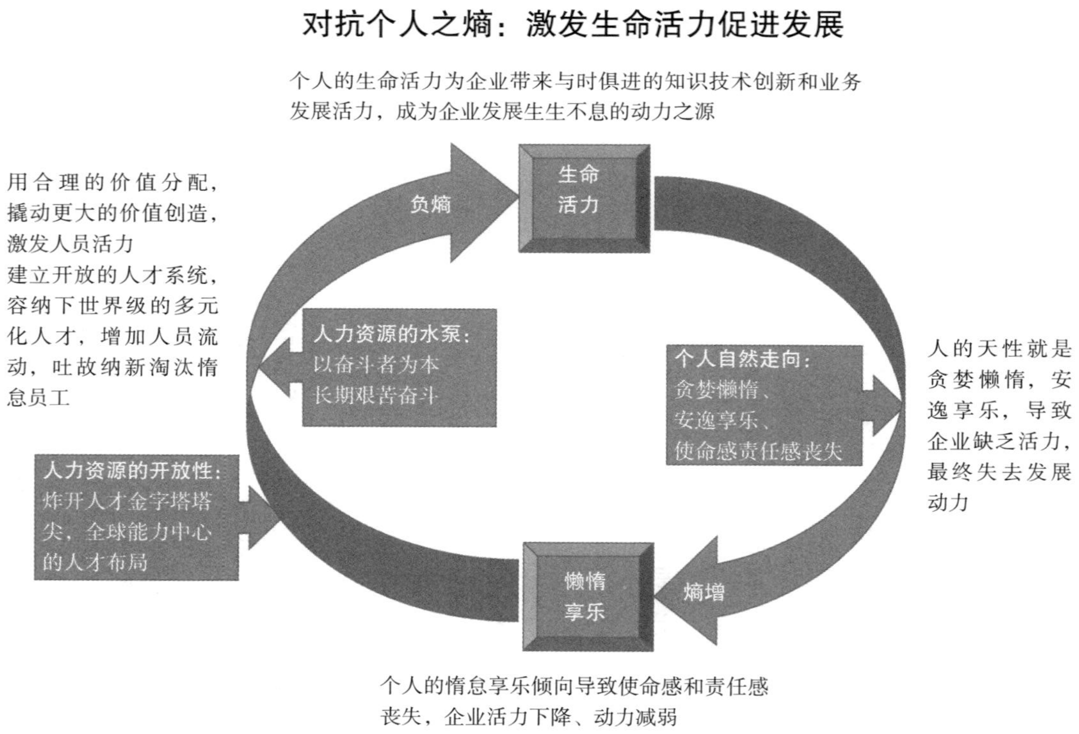

图3 华为微观活力引擎模型

撬动更大的价值创造。

任总 2013 年说："我把热力学第二定律从自然科学引入社会科学中来，就是要拉开差距，由数千中坚力量带动十五万人的队伍滚滚向前。我们要不断激活我们的队伍，防止'熵死'。我们决不允许出现组织'黑洞'，这个黑洞就是惰怠，不能让它吞噬了我们的光和热，吞噬了活力。"

华为微观活力引擎中，最重要的功能部分就是华为人力资源的水泵，把人的活力充分激发出来，这个过程是痛苦的、反人性的。在任总的脑海中，以人为本，是留给国家层面去做的事情。企业是推动社会发展的引擎，以人为本就会失去发展动力、最终熵死。

人力资源水泵的工作原理就是用价值分配撬动价值创造，任总认为，"企业的活力除了来自目标的牵引、来自机会的牵引以外，在很大程度上是受利益的驱动。企业的经营机制，说到底就是一种利益的驱动机制。价值分配系统必须合理，使那些真正为企业做出贡献的人才得到合理的回报，企业才能具有持续的活力"。

如何实现用价值分配撬动价值创造？包括但不限于以下两个主要方面：

第一，100% 员工持股是基础，让物质—能量—物质的转化损失最小。

华为在微观永动机模型的能量循环上有一个独特之处，就是存在一部分合理的闭环：华为 100% 员工持股，避免了能量分流，避免迷失持之以恒的战略方向。

因此，在能量守恒的角度，华为的股权结构做到了能量损耗最小，因而华为的内生动力远胜于上市公司（上市公司在资本上是开放系统，动力机制不同，外在因素发挥更大作用）。而近年华为推行的 TUP 制度（相当于 5 年有效期的分红权），更是避免了利益沉淀引起的熵死。

第二，让劳动者获得更多价值分配，打破平衡，把最佳时间、最佳角色、最佳贡献匹配起来，激发奋斗活力。

劳动者是价值创造的主体，因此价值分配优先分配给劳动者，让劳动所得与资本所得的比例大致保持在 3∶1。这样既能激发劳动者创造价值，也能避免老员工积累过多股票后变得惰怠。

在薪酬分配环节，任总也非常注重拉开差距，华为通过及时提拔和破格提拔优秀者，以冲淡惰怠。这就是他常说的“给火车头加满油”，向奋斗者倾斜、以奋斗者为本的分配结构，充分体现了耗散结构不平衡的特点。

人力资源的开放性

华为微观永动机模型的开放性体现在炸开人才金字塔塔尖，在全球能力中心进行人才布局；通过战略预备队培养未来领袖，加强跨部门人员流动；以及坚持吐故纳新、淘汰惰怠。

- **在组织结构上炸开人才金字塔的塔尖，实现全球能力中心的人才布局**

华为的人才机制原来是金字塔结构。金字塔是封闭的系统，限制了组织模型和薪酬天花板。华为炸开人才金字塔塔尖，就是形成开放的人才系统和组织架构，这样才能容纳下世界级的人才，打开各类人才的上升通道。

华为在俄罗斯研究数学算法，在法国研究美学，在日本研究材料应用，在德国研究工程制造，在美国研究软件架构……华为在海外 16 个城市建立了研发机构，包含几十个能力中心，外籍专家占比达 90%。尽管黑天鹅是难以预测的，但是华为可以在黑天鹅的栖息地进行人才布局，最大限度网罗到黑天鹅，捕捉黑天鹅带来的 ICT 科技跳变。

- **华为干部流动和赋能机制制度化，培养未来领袖**

人在一个位置上待久了，必然会产生惰怠，因此必须流动。华为曾经搞过多次大辞职，超过上千人被破格提拔，2016 年还有两千研发将士出征，都是华为从内部激活人员创造力的方法。

华为干部流动机制的制度化正在不断完善，强调自上而下长期运作，结合资格管理、任期管理和战略预备队训战等系统展开。

- **吐故纳新，淘汰惰怠员工**

某种生物能够不断进化，核心不是某种生物越来越强壮，越来越聪明，而是环境不断淘汰不能适应它的个体生物，开放性竞争是生物进化的不二法则。企业也是如此，一个健康的开放系统一定要有吐故纳新的扬弃通道，要能够及时调整或淘汰懈怠的主管和员工。2015 年，华为有超过一万名员工因为不胜任工作而被调整，部分主管和员工被淘汰。同时，公司政策也允许部分不愿意继续奋斗的主管或员工保留股票而退休。

结语

以前笔者学习华为管理思想，只是知其然而不知其所以然。

任总的管理主张都能直指人心，也在华为实践中得到了验证，但从来都找不到源头。

当笔者把熵—生命活力—耗散结构一一解读之后，从厚积薄发到开放架构，从人力资源的水泵到炸开人才的金字塔，一切仿佛都豁然开朗。

正如普利高津在《探索复杂性》一书中写的，我们正步入一个世界：在其中，将来是未决的；在其中，时间是一种结构，我们所有人都可以参与到当中去。

人，身在世界；你，如何参与其中？

（备注：本文初稿由丁伟主笔。在此基础上，潘少钦、殷志峰、党文栓、陈黎芳、白志东、彭勇、徐彬、贾力温、杨玲、李英涛等进行了全面修订完善。）

熵减

——激活组织和组织的人

陈黎芳

任总在与华为广州办事处、网络能源产品线和人力资源部员工的晚餐会上都讲过一句话，这句话令我印象深刻。他说，华为公司的胜利是人力资源政策的胜利。我在之前也说过，公司的人力资源政策，接下来要朝着熵减、激活组织的方向做变革，要鼓励冲锋，防止惰怠。

一切事物发展的自然倾向，都是从有序走向混乱无序，最终灭亡

熵减，这个概念来源于物理学。能量就是有效能量加上无效能量构成的，有效能量可以做功，无效能量就是无法再利用的能量。熵就是无效能量的一种度量方式。

物理学有一个热力学第二定律，也叫熵增定律，说封闭系统的熵是一直增加的。也就是说，无效的能量一直在增加，如果不

增加有效能量，能量就无法做功，最终系统就会熵死，人、自然界都是如此。比如，一杯加满冰的水，如果什么都不做，冰很快就会融化变成常温水。人也是一样，整天吃喝不锻炼身体，要健康长寿也是奢求。

社会领域也是一样的道理。澳大利亚前总理陆克文写过一段话，他描述的应该就是熵：任何国家间关系的体系都会自然趋向混乱，任何国际秩序一旦建立，便会自然走向衰退和败落，最终回到无序状态。

回顾历史，国家间达成共识、建立秩序后，需要不断付出努力和投入，才能保持未来的存续，这个共同的努力和投入就是熵减。中国的历史在什么状态下循环呢？革命建立王朝，然后王朝熵增衰败，又革命，又建立王朝，循环往复。由于封建王朝自身没有熵减机制，只能革命来做熵减。欧洲历史上的熵减是什么？我想到的是文艺复兴和工业革命。看英国，我印象最深的是《自由大宪章》，它对当时的王权、神权做了限制，促进了先进生产力的发展……这些都是熵减的某种形式。

企业从创立、不断成长，然后成熟，最后衰退，也是遵循这样的规律。很多大公司的倒下，并不是因为被对手击垮，而是由于自身组织和人员的自大、封闭、惰怠等，使其在时代的风口失去了转向的能力。最坚固的堡垒都是从内部攻破的，这个内部的“罪魁祸首”，就是熵增。

任总是最早把熵的概念引到企业管理中并系统阐述的企业家。2011 年，任总会见科技部部长时就已经阐述过，企业发展的自然法则是熵由低到高，逐步失去发展动力。如果不做功，企业发展的趋势就是走向灭亡。人的天性就是要舒服，企业想生存就要逆向做功，把能量从低到高抽上来，增加势能，这样就发展了。

在部门或在其他组织，有些什么样的熵增现象呢？胶片文化、流程烦冗、唯 KPI（关键绩效指标）论，组织设计复杂化，部门墙越来越厚，组织和员工越来越难激励，员工使命感变弱，还有客户日子越来越不好过，客户满意度下降，找不到增长空间，等等，这些都是熵增。

熵的解药：华为活力引擎模型

在华为，有一个活力引擎模型（见本书第 9 页图 1），这是任总和思想研究院的同事们经过多次座谈、修正而成的。这个模型或许就是熵增的解药。

如何进行熵减、保持活力？首先是开放，最重要的也是开放。为什么开放是基础？比如，玻璃瓶里的昆虫，如果把盖拧住，无论昆虫如何努力，都是飞不出去的。热力学第二定律也指出，封闭的状态下必然熵死。因此，活力引擎模型上面的入口吸收宇宙能量，下面的出口是扬弃糟粕。模型右边列的是企业和个人的自然走向，它们是熵增的，会让企业失去发展动力。模型左边列的是远离平衡和开放的耗散结构，是熵减的。我们持续进行的 IPD、LTC（线索到回款），这些流程都是熵减，目的是通过内外部的力量积累势能，拓宽企业的作战空间或者生存空间。还有心声社区，也是开放思想的体现。当然，最重要的是活力引擎的核心——以客户为中心。它是整个企业发展和管理的轴心。通用电气有一个

“活力曲线”，通过竞争淘汰来激发人的极限能力，实质上也是熵减，只不过“活力曲线”是一个较微观、单一的系统，而华为的活力引擎是一个涵盖企业发展宏观与微观、循环往复的系统。

熵增会伴随企业发展始终，像一些疾病一样无法根治。熵减就是激活组织和激活组织的人。华为如何熵减？就是逆向做功，激发正能量，坚持核心价值观不能变。逆向做功的措施可以有两类，有些措施是激活组织的，有些是激活人的。

激活组织：简化流程、饱和攻击、自我批判和战略预备队

第一个措施是简化流程。我们发布了一个“1130 日落法”暂行规定，核心内容是“每增加一个流程节点，要减少两个流程节点；或每增加一个评审点，要减少两个评审点”。这是我们在提醒自己，警惕管理过度、管理僵化、追求完美，而忘了管理的本质是为了商业成功。管理应该简单有效、加法和减法并行，这是我理解的第一个措施。

第二个措施是多路径、多梯次和饱和攻击。面对未来的不确定性，企业得有战略定力。我们既然认定未来智能社会需要巨大的信息流，需要突破的是宽带的低成本和网络的低时延，那么如何抓住战略机会点？就是多路径、多梯次和饱和攻击。多路径是指朝着一个方向走多条路，而不是僵化只走一条路。多梯次可以防止组织性惰怠，做到团队梯次跟进。饱和攻击就是密集弹药长期聚焦投入。而且我们把能力中心放到战略资源聚集地，通俗地讲，就是人才在哪儿，聚合人才的平台就在哪儿。支持同方向的外部科学家也是熵减，而且我们不占有成果，是把别人当作灯塔，

既能照亮华为，也能照亮其他人。我们改变研发投资结构，提高了不确定性研究投入占比，拓宽“金钱买知识”这条路，都是熵减的措施。

第三个措施是自我批判。自我批判是一种纠偏机制，绝不能丢掉，我们要经常看到问题、面对挑战，然后主动变革自救。而且，变革要在日子好时进行，阻力最小，利益分配容易调整，变革容易成功。

第四个措施是战略预备队。战略预备队的循环流动是熵减。队员在训战中完成知识结构转变、技能提升，扩大视野、增加见识，组成一支拥有全新能力、钢铁般意志的新军。战略预备队也是公司摸索未来的组织形态和运作方式。以我自己为例，在公司工作 24 年，这是第一次报名当什么官。我这次主动申请参加战略预备队，最后公司批准我当平安城市场景分队副队长。对我个人来说，这就是熵减。

激活组织的人：每个人在最佳时间，以最佳角色，做出最佳贡献

对激活人来说，探索的过程是非常痛苦的，因为具体到每一个个体，做熵减就意味着要打破舒适区，不断迎接新的挑战，直面自己的知识老化和能力衰退，甚至要放弃很多既得的利益，这比组织的熵减更为困难，因为它触及人性弱点乃至每个人的灵魂深处。我从四个方面，讲讲华为激活人的措施。

第一个激活人的措施，是激发人的精气神，激发正能量、责任感，去克服人性另一面。像硬币一样，人性有两面性，有自私

的一面，也有充满同情心的一面；有惰怠的一面，也有勤劳的一面；有担心恐惧的一面，也有勇敢的一面。金一南将军讲过一个观点，人的血性是需要点燃和唤醒的。任总也经常说，要对员工破格提拔，每年多少多少名，就是希望每个人在最佳的时间，以最佳的角色，做出最佳的贡献，然后公司给予相应的肯定和回报，以此形成良性循环。我也听过，有人讨论研发将士出征是炮弹还是炮灰，研发将士把技术带到一线去，与现场掌控能力结合起来，这肯定是炮弹，干不好才是炮灰！

激活人的第二个措施是吐故纳新。这个容易理解，金字塔塔尖那么小一点，能站几个人？把塔尖削平，平台大了，站的人更多，公司内外部的人都可以，领袖多几个，专家、管理者多站上来一批，这一定是件好事。另一个优势就是边界消失了，与外部能量交换也可以实现。

激活人的第三个措施，也是我们一贯坚持的，是用合理的价值评价、价值分配来撬动更大的价值创造，这就是熵减。华为价值评价的标准不能够模糊化，必须要坚持以奋斗者为本，多劳多得。分配其实就是奖惩，你奖励什么，就会得到什么。人性必然有安逸和惰怠的一面，所以不可以以人为本，而是用价值评价和分配做驱动力。当然，也要用内劲和使命感来对抗熵增。

激活人的最后一个措施是公开职级。公开个人职级是最近心声社区的热帖。既然是公开的，等于是每个人把责任扛到了肩膀上示众。对每个人来说这是压力，也是动力。任总的一段话我特别喜欢，就是不要把精力、能量耗在埋怨上，没意义，而是应该向右看齐，看你前面的人，超过他。怎么超？还是凭责任贡献。

公开职级带来的另一个好处就是，对AT（行政管理团队）管理团队的约束。管理团队要时刻提醒自己，职级是要公布出来的，不能拉帮结派、不能搞小团伙，从而减少熵增的现象。

结束语引用孟子的一段话：“天将降大任于斯人也，必先苦其心志，劳其筋骨，饿其体肤，空乏其身，行拂乱其所为，所以动心忍性，曾益其所不能。”希望大家一起努力，相互促进甚至是竞争，在这个好时代、英雄辈出的时代成为英雄。

组织兴亡律与组织变革

田涛

三十年河东，三十年河西，是我们中国人对人类组织史，包括国家、企业、各类社会组织，乃至于家庭组织的很经典、很形象的阐释。为什么我们在观察东西方各类组织的发展史时，总能够看到组织在艰难地兴起、繁盛之后，又缓慢地甚至迅速走向衰落，乃至于走向消亡？这中间无疑是有规律的。

关于组织的一个公式：活力 = 资源 ×（空间 / 时间）^{2}

任何组织都逃脱不了这样的公式，就是活力 = 资源 ×（空间 / 时间）^{2}。组织活力是个体活力之和。活力是组织的灵魂。资源包括资本资源、技术资源、人才资源和管理资源。有一些是可量化的，有一些无法量化。资源与活力的不断交换、互为转换是组织的基本规律、基本逻辑。但是，一旦有了空间和时间的交错，尤其是时间这样一个矢量的必然介入，就意味着机会，意味着弱小对强大者的超越，意味着时空纠缠、永无完美。时间是任何完美形态的杀手。因此，如果一个组织活得足够长久，那么以往所有的胜利就都是烟云。

华为到2017年有30年了，那么未来的30年，就是河西的30年，华为走向平庸式衰败或者急剧式死亡，也是不意外的。所以，无视过往的成功，无视过往的胜利，不断与组织病变、组织熵增做斗争，是公司高层领导者群体必须常有的危机意识。

文化力量与制度创新是华为崛起的两大要素

在华为发展的前10多年，华为与西方竞争对手们之间的关系是非对称竞争态势，但是30年后，为什么那些百年巨头一个个皇冠落地、辉煌不再，乃至像摩托罗拉这样的公司，已经成为历史烟尘中的伟大符号？相当重要的一点，跟资源、活力要素的动态匹配有关系。时间造就伟大，时间也是腐蚀剂。

华为创立的前10多年，拥有怎样的资源特征？首先是资本短缺。华为创办时只有21000元人民币，长达20年，资本短缺都极度困扰着公司的扩张与发展。IPD尤其是ISC（集成供应链）变革为什么没能按照IBM专家们设计的方案一步到位？原因就是2002年公司业绩出现重大困难，只能在变革上砍资金，才导致变革没有达成理想预期。资本短缺之外，当然无技术、人才短缺，包括无管理，也是华为早期的几大特征。比如说人才短缺，今天华为可以在全球范围内吸纳世界一流人才，但在20年前，要想从国内一流大学招聘一流人才，非常非常之艰难。

那么，究竟什么因素使得华为这个无资本、无技术、无人才、无管理的“小草”能够在过去 20 多年蓬勃生长，在与西方巨头们的非对称竞争中，追赶乃至超越它们？

相当重要的是空间因素：改革开放与全球化。这是华为过往 30 年最大的优势环境，没有这样一个外部空间，像任总这样的人，尽管拥有巨大的抱负和野心，也不可能揪着自己的头发离开地球。

第二点，特区环境下的制度创新。华为这样一个接近 9 万人的员工持股制度在四五年前，如果在深圳之外、广东之外依然会被称为非法集资。30 年前，正是深圳这个中国最早的经济特区赋予了华为重要的制度试验空间，即人才雇佣资本的创新试验。《华为基本法》凝结着任总整 10 年的创业实践的得失总结，以及关于如何办企业、如何管理知识劳动者、如何凝聚员工进行价值创造、如何进行价值分配等许多极富理想主义色彩和实用主义精神的思考，中国人民大学的几位老师把它逻辑化、系统化了。《华为基本法》给华为确定了一个崭新的制度设计，这个制度设计就是劳动者加资本人的双栖制度。但在资本人跟劳动者的关系中，华为的核心价值观强调“以奋斗者为本”，从而界定了华为不是一家股东利益最大化的公司，而是一家劳动者优于和先于股东进行价值分配的制度创新公司。过去 30 年，华为员工的年收入平均之和（包括工资、奖金加福利）与股东分红的比例大致是 3∶1。这是一个了不起的企业制度试验，但前提是法律允许、政府批准。前提的前提又是什么呢？改革开放与深圳特区的先行制度试验。

所以，早期的华为，可以说是资源贫乏背景下的“无中生有”，非物质资源、制度创新的力量在华为的发展历史中，起到了巨大作用。

第三点，创始人野心宏大，高层领导群体头脑不发热，拒绝机会主义，拒绝多元化，在华为从小发展到大的过程中，任总带领十几万人始终聚焦主航道。

最后一点，也是根本的企业文化要素，就是华为始终坚守“以客户为中心”。

西方公司为什么在与华为30年的竞争中，从早期的傲慢与不屑，到后来大多数走向衰落？这和多数西方公司是上市公司有绝大关系，它们都走了资本最大化的道路，是资本意志而不是企业家的意志在左右企业的长期战略，资本是贪婪的，更是谋求短期回报的。西方尤其是美国有一批伟大的商业战略家，但他们常常要屈从于股票市场的短中期波动。第二，在华为创业的早期，通信行业的西方公司平均司龄99岁，它们拥有巨大的资本优势、人才优势、技术与产品优势和良好的管理，但这些资源态势既是优势，也是劣势——富营养症带来的劣势：傲慢、超高利润和低服务。20多年前，它们进入中国市场时，把乙方做成了甲方。我访谈过一些国内运营商主管，他们都讲到20多年前华为跟西方公司的一个重大区别，西方公司的确技术一流、设备一流、人才一流，但它们在最关键的地方出了问题，就是对客户的傲慢自大。一位邮电局的老局长跟我讲，说当时根本瞧不上华为，但外国公司的产品价格太高，第二是服务跟不上。华为对客户特别好，在产品很烂、技术能力很薄弱的情况下，把服务做到了极致。老局长说，他们的人经常对华为员工表现得不耐烦，动不动就把他们批一通甚至骂一顿，但华为人总是满面笑容，出了问题24小时响应，半夜两三点去机房里修设备是常事。一个把客户真正当作上帝的人，客户可以原谅他、接纳他，愿意给华为公司更多机会，华为也争气，在市场成功的同时，把能赚到的钱都投入到了研发中，所以技术和产品也越来越好。

赢得一场战役靠的是军事力量，打赢一场战争需要的是精神力量。空间环境是精神力量的试金石，阵地战比拼的是组织意志。今天华为在全球 170 多个国家有市场分布，我走过一些非洲、中东的落后国家和地区，发现这些市场都是公司一口一口用血与泪的付出啃下来的，用巨大的牺牲精神、奉献精神一步一步拼下来的。20 多年来，西方公司节节败退，华为一步一步地把西方公司的传统市场乃至于今天的欧洲，包括北美的一些发达国家的市场拼下来、啃下来，背后比拼的是文化，是制度。

怪圈：富营养症表现种种

从一种绝对的非对称竞争态势，经过 20 年、30 年的精神力量、文化力量、制度力量的比拼，华为终于在全球格局中与西方公司进入了对称竞争时代。对称竞争时代华为的优势是什么？可能的劣势是什么？

从资源的角度讲，华为今天基本可以称作强技术和强产品、强人才和强管理，与自己的过去相比也拥有强资本（与全球性高科技企业横向比较，仍是一家“穷公司”），当然这个强管理主要是向西方公司、向竞争对手学习的。但是，我们看这种强，似乎有一点眼熟，因为西方公司也曾经是强资本、强技术、强人才、强管理，那么它们曾经患上的一些病症，今天的华为是否也会患上，甚至已经患上？比如说富营养症、技术路径的依赖症，还有管控过度症？管理的表面优良并不代表着企业的强竞争力，因为许多西方公司曾经都是管理优良的公司，但是它们为什么衰落了？还有华为是否已经有官僚体系的过度“理性化”症状？科学管理把西方的商业组织从混沌和无序带向了秩序化、理性化，带向了高度科学化的管理轨道。但管理毕竟管的是人，人之复杂，尤其是人的集合体的复杂，很显然靠简单的量化、数据化，靠简单的科学化是有巨大局限性的。我们在前边讲了活力是组织之魂，但今天的很多所谓科学管理、理性管理，走向极端的结果就是条条框框过多，大量的规则尤其是规则的烦琐化，扼杀了组织中个体的活力、群体的活力。

《清教徒的礼物》中讲了一个故事，说 20 世纪 80 年代前的美国企业中，发现了蛇，马上会有人把蛇杀死。现在发现蛇，层层汇报，到了上面赶紧成立一个屠蛇委员会，屠蛇委员会还不够，还要成立屠蛇顾问委员会，成立各种各样叠床架屋的机构，议而不决，决而不执行，人人都为过程负责，不愿意为结果负责，不愿意去承担。结果蛇有了儿子，有了孙子，蛇子蛇孙遍地蔓延……这是很多成功大组织进入管理高度规范化、理性化阶段普遍存在的问题。华为会不会患上同样的病症？

我的观察和研究认为，有三种“组织黑洞”值得企业领袖们警惕，这也是任何组织都无法避免的三种负性现象。第一个黑洞是腐败，腐败不只是行为上的腐败，还包括思想上的腐败。其实，整个人类史也是一个不断滋生腐败、不断反腐败的动态循环史，腐败永远像韭菜一样，割了一茬又一茬。东西方历史皆如此。

第二个黑洞是山头现象。人类本性中的不安全感，使人本能地要抱团，这种抱团在组织中利用得当，它可能就是凝聚力，但出现主流之外的亚文化抱团现象，并且警惕和防范不力，任其发展，组织中则会滋生大大小小的山头，大大小小的利益集团。贪婪是基于人性的，不安全感是基于人性的，惰怠也是基于人性的，正因为人性的缺陷，才带来了任何制度先天的缺陷，所以我们才要进行制度变革。

组织的第三个黑洞是组织疲劳症。曾经充满活力、充满激情的一群人，聚合在一起创办企业，比如创办华为，有好的激励制度，比如，劳动者普遍持股制、好的薪酬制、好的中短期激励等等，但这些激励措施能够让这一群人或者更多的人持久充满激情吗？当然不能。追求舒适是绝大多数人的天性，只有少数人是那种与生俱来拥有使命感、永远自我警醒、自我鞭策和奋斗的人。

一个好的组织，基业长青之道的根本是什么？就是要和组织中的惰怠现象持续进行斗争。

总之，我们说腐败、山头和惰怠现象，它源自人性的贪婪，人性的不安全感，人性中追求舒适、追求安逸的本能，那么对于任何组织领袖来说，可能他掌舵的每一天都要像永动机一般去自我革命，进而引领整个组织去进行变革，折腾自我，同时折腾组织。

我们还要注意到，这三大组织黑洞并不是独立存在的，它们有关联性，甚至存在链式反应，这就形成了关于前述组织公式的另外一种解读，可能是一种怪圈。资源短缺，创始人通过精神的力量牵引，激发组织中的每个个体，激励整个组织去奋斗，其目的就是要形成更好的技术积累、产品积累，更多的资本积累，但是你会发现什么现象在悄然形成？资源增长与活力激发之间并不完全呈现线性的正相关。通过奋斗与努力，资源越来越丰厚了。当组织拥有雄厚的资本资源，雄厚的技术资源、人才资源、良好的管理，但却面临着近乎宿命的现象：资源诅咒症。比如，激励的资源丰富了，激励却呈现出了弱效应，甚至激励失效，很多大公司都存在着这样的现象。激励有可以量化的物质激励，有显性的权力激励，有无法量化的非物质激励，比如荣耀感的激励。这些激励资源怎么去组合，其实也是无解的话题。

忘记完美，以最开放的举措实现组织熵减

任何组织都有与生俱来的阴面和阳面，这就像人的身体一样，有致癌基因，也有抑制癌症的基因。为什么今天得癌症的人越来越多？主要是人的寿命大幅延长了。对于组织来说，同样如此。一个组织发展到一定阶段，就会滋生各种各样的问题。组织永远面临着正能量和负能量的较量和赛跑。同样，组织衰变就像人的衰老和死亡一样是永恒的主题。但人类跟其他动物、生物巨大的不同是，人类有强大的自我挑战意识和自我修正能力，并拥有与宿命抗争的遗传积淀和本能力量，这是人类进化历史最了不起的成就。人类数千年来发明的自我批判机制、创新机制、变革机制，是人类一切优秀组织，包括优秀个人所拥有的独特生存秘籍。所以，虽然我们认识到组织的衰变是永恒主题，但同样要充满信心，

通过批判与变革，把组织带出迅速衰老的轨道，让组织活得更长久一点，同时更健康一点。所以从这个视角讲，要忘记完美主义，不断地、持续地进行组织的自我变革和自我批判。

自我批判只能是消减熵增的有效工具，而不能根本消除熵增。华为的民主生活会、自律宣誓活动，在华为内部大家非议不多，但外面个别学者却不以为然。我的观点是：一切人类组织关于组织建设和组织批判的一些有效措施，为什么不能拿来主义为我所用呢？而且它到底是有效的还是无效的？比如说民主生活会，我想华为能够健康地，或者相对健康地走到今天，跟公司诞生之初，任总在公司所坚持的民主生活会有很大关系。为什么呢？一个组织问题越堆积越多，大家你好我好，这是相当危险的。当问题全面爆发时，再用很激进的手段处理，组织可能就崩溃了。所以，定期地开展中高层干部的民主生活会是很重要的组织自洁机制，就像我们经常要打扫卫生一样。

再讲讲高层宣誓活动，从廉政宣言到作风八条，员工看到表象是一群人在那儿举举手，但背后的深意则是把领导者们置于18万人的监督之下。你在台上举着手说我要做到什么，我不能做什么，但是说到了却没有做到，甚至反着做，就叫言行不一致，言行不一致带来的后果就是员工对你、对领导层的普遍不信任。当一个领导、一个高层管理者被普遍不信任时，要么组织出问题，组织出问题对公司来说就是溃散性的文化异化；要么个人出问题，领导者至关重要的一点就是权威性，而权威不是建立在你拥有那个职务就拥有那个权威，而是靠你的言行一致所带来的威信累积支撑起来的。

讲讲心声社区。心声社区这两年越来越热闹，我也经常在看，也经常被心声社区所批所骂。心声社区是华为的民主广场，是一个虚拟的罗马广场。我前一段跟财经体系的人交流，一位部门负责人跟我讲，“我们的财务报表一定要做到最真实，没有任何的水分和虚假，华为的财务报表一定是中国最真实的，在世界上应该也是前几位的，华为的财务报表既不为股东负责，也不为业务部门负责，当然也不为老板负责，我们只为真实负责”。他接着说，“假使我们的财务报表有问题，心声社区的舆论就会让我们下不了台……”。

这就是民众广泛参与的力量。一个组织如果无视舆论，公司的高层领导集团如果无视广大员工的声音，就有可能走向封闭，走向自我禁锢。心声社区是盘旋在华为 18 万人头顶，尤其是各级管理者头顶的猫头鹰，是一种普遍的大众参与和大众监督的平台。今天的华为已经成为全球行业领导者之一，恰恰在这样的背景下，走向衰落乃至于走向垮台不是危言耸听，因为华为曾经的竞争对手们就是在鼎盛期走了下坡路。所以，华为必须要有更开放的姿态，在开放体系下，才可能有效消减熵增。在心声社区你会发现，既有巨大的正能量，也有很多尖锐的批评、批判的声音，而且这些批判、批评的声音，恰恰反映出 18 万人中的多数对公司的生死存亡是有使命感、有责任意识的。

因此，能够打败华为的只能是华为自己，能够拯救华为未来的也只能是华为自身，是华为的 18 万员工。

下面，我们从几个方面看华为怎么去激荡正能量，消减负能量。我们说任何组织任何人都有阴面和阳面，对华为来说，当然也要首先从自身的正能量中去开掘、开发战胜负能量的因子。

如果从心声社区某些尖锐批评文章和后面的跟帖看，你可能会觉得公司充满了问题，明天就要完蛋了（事实上，客观、理性甚至偏激一点的批判性声音是很重要的正能量，批评言论指向的问题才是负能量）。但是你看同样是心声社区上的另外一些文章和跟帖，又充满了正能量。还有，比如说这几年，我和公司的一些同事编写的《枪林弹雨中成长》《厚积薄发》《黄沙百战穿金甲》三本书，当然也包括公司的明日之星的评比等等，其实都在张扬组织的正能量，把华为好的基因、好的文化，最大程度地张扬开、传播开。

不讳言问题，同时也要看到阳光向上的一面；暴露和剔除问题，同时树正气扬正风，两者都要强才行。

“换血”与“输血”：组织年轻的唯一选择

变革是让组织延缓衰老、保持青春的唯一选择。组织的衰变、疲劳、最终的消亡跟人一样，长期看具有不可逆性。时间之矢，会把任何的事物都带向无序和混乱，包括最终的消亡。华为也会死掉的，但是华为今天所有的努力，一切有识之士在任何组织中，包括国家组织中所做的一切努力，都是要让组织能够活得久一点，能够更健康一点，少一些病态现象。相当重要的举措就是保持整个组织的开放，持续进行组织变革，说得直白些就是永续折腾，以延缓组织衰老，本质上是组织的“换血”与“输血”。

组织没有新鲜血液、新鲜的力量输入，就会走向血管硬化，走向组织僵化。尤其在充满变化和残酷竞争的时代，组织的“换血”与“输血”是必然选择。

我们看华为过去的一些做法，市场部大辞职，包括7000人的“辞职门”，很大程度上就是组织内部的换血与输血的变革。每年总有一些人因为各种因素退休或离开，但同时公司还在不断招人，任何公司都如此，任何组织都必须如此。我们前面讲了资源跟活力之间的关系，在资源短缺时，组织中的个体跟群体有强大的饥饿感，正是饥饿感带来个体的持续奋斗精神。但是能持续到什么时候？其实，这对任何人、任何组织都是挑战，总有人甚至整个组织患上富营养症。有一些或者相当多的人，在早年加入公司时，他是有饥饿感的，“一贫如洗”推动他奋斗、奋斗、奋斗，努力去赚钱，改变物质贫穷的命运，但在富裕起来后，没有了物质的饥饿感后会如何？马克斯·韦伯曾几次考察美国，最后一次考察时，他有一个很深的忧思是，财富对清教徒来说，本应是轻飘飘的斗篷，随时可以把它扔掉，最后却变成束缚人的铁笼，人们不再奋斗了，不再努力了。

小公司难，大公司也不易。穷而难，穷则思变；富亦难，富而懈怠。我非常理解任总关于华为在新阶段要大力倡导精神文明的观点，物质激励是基础，是激励的原动力，但它并不能在个体、群体活力的激励方面持续有效，它会因人因时产生饱和效应，而精神的“饥饿感”则具有无限的延展性，在激励手段和方式上也拥有更广阔的想象空间。所以二者一定要并行使用，并重实施。

饥饿感带来组织激情的迸发与个体活力的张扬是符合人性的基本假定的。华为这几年规模性的破格提拔，也是基于这样的理念而形成的。研发体系2000名将士奔赴市场一线，首先给予提级，甚至连提两级、三级就是具体事例。过去30年华为跟运营商之间的关系是相对单纯的供应关系。但今天很多国家的运营商3G（第三代移动通信技术）投入都还没有形成利润，更何况4G（第四代移动通信技术）呢。所以运营商面临的是迷茫，面临的是我用了你的设备，用了你的解决方案，怎么能够有利润，能够发展得好的问题。所以传统的买卖关系可能要变成共同面对未来、探索消费者新的需求增长点这样一种紧密合作关系。所以2000位研发人员到一线去的目的之一就是跟一线的市场人员和客户从技术视角、新商业模式的视角携手探索未来。但另外一个重要目的是，在激活市场组织的同时，进一步激活研发组织，是一举几得的变革共振效应。

再举一个变革的例子。华为前不久颁布了“日落法”，美国总统特朗普在葛底斯堡的演说给公司领导层带来的启示是，有一个新政策出台，就砍掉两个旧政策，一个新的流程出台就得砍掉另外两个旧流程，这也是相当重要的变革举措。

还有，华为坚持不上市，创立以来一直奉行人力资源投入高于财务指标追求，研发投入长期超过利润2倍左右甚至更多的原则，一方面体现着公司领导层面向未来的战略图谋，另一方面也是为了避免掉入“资源诅咒”的陷阱——在全球大型高科技企业中，从资本资源的角度看，华为也许是一家“穷企业”。

活力指数与活力指向：组织兴衰之本

前面我们阐述的核心观点是：活力是组织之魂，惰怠是组织之癌；资源驱动活力，然而随着时空条件的演化，两者之间并不总是正相关，甚至呈现出负相关，即组织个体或整体患上“富营养症”，带来资源对活力激发的弱效、无效现象。组织活力指数的高低、强弱关乎组织的兴衰存亡。

但是，我们还必须格外关注一个根本：活力指向。在资源与活力的动态转换过程中，资源持续的累积来自哪里？无疑是客户。那么，组织中个体与群体的活力指向——唯一的活力指向，也就只能是客户。任总20年前讲“客户是华为存在的唯一理由”、华为核心价值观的首条是“以客户为中心”，我个人理解，其本质内涵就是为组织中的奋斗行为确定了清晰、坚定的方向，也即“活力指向”——管理者以各种各样的方式、手段激励员工持续充满活力，但活力必须直接或者间接地面向客户去释放；而对员工、对部门的价值评价和价值分配也当然只能是基于价值创造，价值创造的源泉来自哪里？客户，只能是客户。我访谈过一些前华为员工，有多个人对我说，在华为时觉得人际关系复杂，离开后才觉得华为比外面单纯多了，关键是，在华为薪水多少和提拔主要是看直接或间接对客户的贡献，不需要花太多心思去琢磨别的，华为的“上甘岭上出将军”还真是说到做到的。

反过来讲，假使哪天华为的“将军”晋升路标变味了，异化成了逢迎拍马者上、价值创造者靠边站，组织中的确是“活力四射”，但“四射”的方向是各级“上司”而非客户和创造价值，人们都很忙，忙于跑圈子、走门子……这样“充满活力”的华为要不了多久就会倒下，就会垮掉。因此，华为的“奋斗者”是有明确定义的，核心价值观的三句话有严密的内在联系和内在逻辑，离开了任何一句都是残缺的、不完整的：艰苦奋斗讲的是活力，以奋斗者为本讲的是活力激发，以客户为中心讲的是活力指向。然而，“以客户为中心”才是价值观之纲、之本，怎么反复强调都不过分！我读黄卫伟老师的三本书，最深的体会是，任总实在是位“捣糨糊大师”！将近30年任总讲话数百上千次，花样、用词来回变，但从没离开这三句话和“坚持自我批判”，尤其“以客户为中心”这句话，大概是讲的频次最多、频率最高的。今天回头看，华为30年的成功无疑与此有绝大关系。

正由于此，自我批判与组织变革，也一定要有明确指向：要围绕维护和坚守核心价值观而展开，不然的话，自我批判也会异化，变革也会走形。

当然还要看到的是，组织必须不断扩张和发展，不能守成。我3年前访谈徐直军时，谈到为什么要搞企业网和终端业务，印象极为深刻的一点是他的回答：不扩展，这么多人怎么办？我理解背后的潜台词是：一个大组织，一大群雄心张扬的知识型员工，活力指向外部、指向客户，公司则兴盛发达；发展停滞或迟滞，活力就会指向内部，就会出现财富和权力资源的拥挤……那对华为绝非好现象，对任何组织也都是危险的现象。

变革无力症，为什么是古今中外组织的普遍现象?

人类历史上的大多数变革，很多以失败而告终，其重要原因就是变革无力症。华为会不会有变革无力症的现象发生？我跟各位带来的分享就是，对于华为的变革我相对乐观。我在公司访谈了几十位参与和主导变革的人，当然跟任总也有很多交流，整体的感受是华为历来是在公司发展好的时候开始变革，这是第一个特点，也是极其重要的特点。

第二个特点，华为历来在萌芽阶段发现问题，开始着手变革。所以公司早期的一些变革，经常有许多人不理解，就是因为大家觉得没有到那个程度。比如，2009 年任总就开始讲，让听得见炮声的人来指挥炮火，你们要眼睛盯着客户、屁股对着老板。那个时候华为是什么状态呢？车轮滚滚，表面上形势一派大好。但用任总的说法是，如果不从 2009 年开始简化管理，进行组织变革，华为今天早就出问题了。

第三个特点，华为的变革大多呈现出先试验再普遍推开的特点，坚持渐进式变革。我在《下一个倒下的会不会是华为》那本书里，有两章专谈华为的变革。你会发现，华为历史上若干次的重大变革都至少没有失败，相对比较成功，从而使得公司在每一个阶段都能上一层台阶。比如说 1996 年开始的中国式的变革《华为基本法》，《华为基本法》我个人认为应该是中国式的思想变革。任总说，《华为基本法》颁布之日就是《华为基本法》过时之时，今天看来他说的是有道理的。两年零九个月，几上几下的充分讨论，其目的就是达成普遍的使命共识、价值观共识以及制度设计的共识等，是要解决这样一些观念性问题。然而，华为成为全球化公司的根本，是全面向 IBM 等西方公司的“削足适履”的学习，这才是华为跟其他中国公司的重大区别，也是华为国际化和全球化成功的本质所在。但它又是构建在《华为基本法》这样的清洗思想盐碱地的基础上。同时期的市场部大辞职，是从组织层面进行清洗盐碱地的变革动作。

复盘看华为的30年变革史，它无疑在宏观框架上有相对成熟的顶层设计，变革领袖群体很清楚作为一家中国企业我们到底缺什么，走向世界我们需要向谁学习，需要改什么、补什么、建构什么，也包括节奏的把握、先改什么后改什么，都体现出变革领导们的智慧与思想艺术。

有人问我，为什么华为的变革总能成功？IBM同样在中国做了很多咨询，几乎没有一个是真正成功的，为什么？我说相当重要的一点，是华为把中式的变革跟西式的变革有效结合起来了。还有一个因素是，创始人创业时年龄偏大，任总44岁创业时，对这个世界，包括对人、对人性的认知已经进入到成熟阶段，因此在拿捏变革的分寸、掌握火候方面显得老到和从容。组织变革最关键的两点，一是做次优选择，问题到处都是，但在诸多问题的解决方案中做相对最优选择。第二是妥协，进与退的妥协。任何四面出击和四面树敌的变革，最终都是灾难性的。所以我对今天华为以简化管理为中心的变革是持乐观态度的。因为过去华为经过多次的中式变革和西式变革，积累了一整套的方法论。

最后，讲一个发人深省的细节：主持过IPD变革的华为某前高管讲道，西方一家大公司的高管在参访华为研发办公室时，指着员工桌下五颜六色的垫子对同行的几位主管以很冷峻的口吻说：总有一天，我们会败于华为的IPD和“垫子文化”……其内涵很直白：流程、规则的有序性和强大的组织活力的结合，是华为让竞争对手敬畏之所在。

今天的华为还是曾经的那个华为吗？

提问环节

学员：请教一下田老师，盛极必衰是历史规律，华为在非对称竞争中存活下来，现在非对称竞争越来越快，我们会不会被别人打败？

田涛：首先“盛极”是个模糊概念，爬到了一座山顶就是“无限风光”？如果大家认为是，那公司也差不多到头了。如果一个组织从不以当下为满足，那就没有“盛极”之说。而且，为什么盛极一定必衰？盛极必衰是普遍规律，但不是唯一规律。人类有强大的自主意识，人类历史就是一部与怠惰和危机斗争的历史。关键是，我们有没有对盛极而衰的警觉。在100多年的世界企业史中，我们常常可以看到一些相似的轨迹，就是企业发展到巅峰状态时患上组织疲劳症，并且强而傲慢，大而自大，执行力降低、烦琐哲学、山头林立，等等，把组织慢慢耗死掉了。

这几年学术界流行的看法是小公司对大公司的挑战，主要是产品或者技术的颠覆，这不完全对，技术和产品只是术的层面的冲击，而核心是组织文化的博弈。初创企业在一开始，是高度的低熵和有序的状态，比如华为当年起家的时候，发展到几百人甚至几千人的时候，组织内部的各种关系相当简单，目标就是要活下来。没有多少复杂的人际关系、企业政治问题、山头问题等，挣完了钱就分。当年公司分配简单到什么程度呢，你比他高一级，他做某个事情有贡献、有成绩，你当时就决定，兄弟，给你加两百块钱，五百块钱，不需要层层审批。这就是当年的华为，组织关系和分配关系极其简单。

但是，发展到一定规模和一定阶段，必须要设定层级，构建规则，建立秩序。这是组织变大走强的基础保障。然而，规则与秩序会随着时间的演变而异化，甚至走向它的反面。人性的缺陷带来制度的缺陷，人的贪婪可能无度，人的不安全感会带来抱团现象，还有财富到一定程度，权力到一定程度，金字塔顶再也上不去了，就会形成心理和行为上的熵增、形成怠惰，这些问题才是大组织能否抗衡充满饥饿感的小组织、新创企业挑战的关键所在。初创组织没有什么精神负累，不怕失败的初创组织是最可怕的竞争对手。华为当年就是不怕失败，大不了推倒重来。这是颠覆者必须拥有的精神特质。华为在过去 30 年，无疑是全球通信技术行业最强悍的颠覆力量，但今天的华为大概很难有大不了推倒重来这样的气概。然而，大组织也有它的巨大优势，就是抗风浪的能量足够大，只要它保持开放，持续变革，通过变革不断消减组织熵增，通过开放增加更多的负熵，增加更多的新鲜血液，内部也能够血流畅通，这样的组织就会既拥有强大的实力，又拥有强悍的执行力，小组织恐怕很难与之抗衡。

对华为在一线的执行力，我还是很感慨的。我经常讲，到机关你听到的到处都是问题，到一线尽管也是各种各样的问题，但一线那种让竞争对手闻风丧胆的战斗力，我觉得这是公司今天和未来大有希望之所在。怕的是哪一天机关僵化了，一线也僵化了，组织神经末梢丧失了强大的活力。当然“肠梗阻问题”、决策权过多集中在上层等问题是要下大功夫改革的。

学员：我对您讲的屠蛇和屠蛇委员会的事情感触很深，一方面我们不能过度理性化，另一方面看问题不能简单停留在表面，一定要研究背后的原因。我的问题是理性化与过度理性化的边界到底在哪里，这是实际工作中我们经常感到困惑的一个问题。是不是说成立这个屠蛇委员会一定不对？因为很多问题我都会告诉自己这就是灰度，但是其实我也不知道这个是不是真的就是灰度。

田涛：其实你已经把问题回答了，你觉得有边界吗？对领导者来说，节奏、尺度都在于你自己如何拿捏和把握。要不要成立屠蛇委员会，要根据事情的重要程度、大小程度，根据组织的能力去做决定，一个人能力不够，那就要一群人，一群人还不够就请顾问。怕的是出了问题大家不担责，才要成立屠蛇委员会，屠蛇委员会也不担责，然后请外面的和尚来搞一个屠蛇顾问委员会。我观察华为一线的那些主管，他们应该说还是普遍敢于拍板、敢于做决定的，但是机关里很多文职人员，经常就有人不愿意为结果负责，把过程搞得很优化，追求完美，而事实上哪有完美的制度、完美的管理？大企业普遍存在的问题是追求无漏洞的管理，成立各种各样、叠床架屋的机构，人浮于事，为制度而制度，为流程而流程，影响和束缚一线作战。

学员：田老师，我非常认同您讲的组织活力，但是关于您刚才一直强调的组织要折腾，我想扮一个蓝军的角色，从历史上看，像晁错削藩、王莽的新政，包括王安石的改革，其实无一例外都是轰轰烈烈地开展，到最后都归于失败。老子讲“治大国如烹小鲜”，但华为现在就是我们说的折腾。我们要折腾到什么程度？为了什么去折腾？折腾谁？

田涛：你讲了一个重要的问题，其实我在讲座最后专门讲到变革的节奏、方法与手段。我们一定要意识到，组织尤其是有历史的大组织，更重要的是沉淀了太多的问题，所以一定要变革，一定要折腾。但是折腾或者变革，要有一套“治大国如烹小鲜”的方法论。比如说取舍的方法论，在所有问题中，哪些问题是当前最需要解决的，但有时候最需要解决的不等于现在就要解决。原因很简单，这样搞不好就会导致组织的巨大震荡乃至分裂。

变革达成最优不太可能，次优是可能的，这是第一点。第二，变革是一个妥协之道，不是说通过一次变革就可以彻底成功，这不可能。凡是变革成功的组织都有一个特点：理想主义加现实主义，凡是变革失败的也大多有共同点，比如乌托邦与极端主义、激进主义的混合。

第三，要熬。要像熬中药一样，把各种药放在一个锅里，熬到最后分不出哪是人参，哪是枸杞。各种不同观念、利益的融合是变革相当重要的技术策略，所以需要时间和忍耐。大秦帝国兴于改革，败之于历史沉淀过久过重，改革者操之过急，导致最后被车裂。但是没有商鞅的变革，就没有大秦帝国从弱小到强大的崛起。所以变革是必需和绝对重要的，但变革的一套方法论、变革的节奏、变革火候的掌握等，同样相当重要。我觉得从大的视角讲，华为必须变革，必须在青萍起于微末就要预知危险、感知问题，去折腾，去变革，但是变革要有忍耐心，要有耐力，要把握好节奏，不能追求完美主义。

（此文根据作者2016年底在华为大学高研班的讲座录音整理而成）

新挑战，新思维

——《领导力与新科学》导读（节选）

黄卫伟

在华为的管理哲学中不断涌现出诸如“混沌”“耗散结构”“场”“热力学第二定律”“熵”等大量的新科学术语。

这一现象的产生至少反映了一个困境，即现行的组织和管理理论难以解释和解决企业管理面临的新问题、新挑战。然而，这些新科学术语在为我们的组织和管理提供理论解释的同时，也使我们产生疑问：社会组织的活动能否用自然科学理论来解释？玛格丽特·惠特利的《领导力与新科学》一书，对上述问题给出了富于启发性的思考。

耗散结构理论告诉了我们什么

耗散结构理论出现在华为的语境中是任正非总裁（以下简称任总）最先提出的，他有很多形象的说法，比如一个人要通过运动把多余的脂肪耗散掉，组织也是这样。当你的能量积累在不恰当的地方的时候，就可能会成为组织进一步优化发展的障碍，必须耗散掉。否则，组织可能会被颠覆，这是任总的一个重要思想。

这个理论最早是普利高津提出来的，它实际上是解释有序状态和非平衡状态的联系，其基本问题是，到哪里寻找秩序的源头。在普利高津看来，无序可以成为新秩序的源头，他把这个新发现的系统称为耗散结构，以说明它们自相矛盾的特性，耗散意味着损失，是能量逐渐衰减的过程，结构则表示实际的秩序。普利高津发现能量衰减的耗散过程是建立新秩序所必不可少的。他的结论是："无序可以成为新秩序的源头，成长往往起源于不平衡，而不是平衡。"

玛格丽特·惠特利据此认为，实际上，组织管理中我们担心的大多数事情，如解体、纠纷、混乱等，都无须被视为将给我们带来灾难的消极因素；相反，它们可以更有效地激发人们的创造性。从新的视角来看，科学家们认为，无序和秩序的关系是"秩序源于混沌"或者"变化产生秩序"。

当一个系统处于人们无法知道其下一步将产生什么变化的状态时，我们称之为混沌系统。这样的系统绝不会重复过去的行为。但混沌理论还告诉我们，如果进行长期观察的话，混沌系统仍存在固有的秩序。玛格丽特·惠特利指出，世界上的万事万物都是无序中包含着秩序，秩序中也包含着无序。……我们已习惯用不同的状态来看待事物：要么是正常状态，要么就是例外。但在全新的世界里，自相矛盾是最为突出的特征，我们看到的景象是交替变化的：混沌与秩序，变化与稳定。

量子理论能帮助人们更清楚地认识世界

量子理论认为，在量子世界里，关系不仅是有趣的，而且是关于现实的“全部内容”。

玛格丽特·惠特利进一步指出，“关系世界内涵丰富且复杂。应将关系作为一切的基础。有了关系，我们就不再指望预测性，而是转向潜在的可能性”。

这句话很有意义，我们往往通过预测性来确定未来会发生什么以及发生的概率，以试图把未来的可能性看清楚。而玛格丽特·惠特利在这里强调，将关系作为一切的基础，有了关系我们就不再指望预测性而是转向潜在的可能性，我们更关注甚至是无法预测的可能性，它可能会在一定条件下变成现实。

这样对于未来的行为可以分成两类，一类是基于可预测性的理性选择和理性的决策和判断，另一类是基于可能性的探索和渐进选择。比如我们的 IPD，追溯 IPD 最初的理论体系应该是迈克尔·E. 麦克格雷斯的《在产品开发中设定 PACE》那本书。这本书所定义的 IPD 的管理体系以及跨部门的决策体系，吸收包括财务在内的跨部门代表进入产品投资决策团队，比如进入 IRB（投资评审委员会）或者是 IPMT（集成的产品组合管理团队）。财务是讲究可预测性的，如果要开展一个新项目，财务要求将未来的市场机会转换成市场空间以及收入、成本、利润、投资回报率和投资回收期的数据，这是财务决策所依据的基本指标。如果这个项目未来市场是可预见的，市场份额是可估计的，投资回报是可计算的，那么，这就属于可预测的决策，换句话说，就是这个项目带有确定性的特征。这是财务在投资决策中最能够发挥作用的领域。而华为现在面临的最大问题是，我们走到前沿以后，要从追随者转变为领导者，面临的最大挑战是直面不确定性。那 IPD 这种基于数据、预测、投资回报的决策机制能不能应对不确定性的挑战呢？对此，我想强调的是，如果确立了关系这个概念，我们不再只关注可预测性，而是转向潜在的可能性，我们就能够建立起应对不确定性的思维方式。这也是任总要求在研究领域把喇叭口张开的意义。任总提出在探索不确定的未来时要多路径、多梯次、饱和攻击；强调大公司在研究上不能采取赌一种选择的方式，那是小公司资源不足的方法，大公司是对多种可能性分别投入一定的资源进行探索性研究。蓝军要实体化，希望蓝军不仅仅挑红军的毛病，在挑毛病的同时，也要立项，按假设把它做出来。

其实 IPD 在它的管理体系中也是要张开喇叭口的，当时 IBM 给出的最佳业界实践是，如果在张开喇叭口时的研究立项数目是 100% 的话，经过概念阶段、计划阶段，进入开发阶段，项目淘汰率的业界最佳实践比例是 43%。所以 IPD 在它的整个机制里实际上也包含了对不确定性项目的立项、预研和淘汰的机制，这是华为在 IPD 管理体系中要更加重视的机制。

其实财务在面对不确定性进行选择时，也是有理论和方法论的，就是近 20 多年来不断完善的实物期权的理论和方法。实物期权理论认为在面临不确定性时，保持灵活性是有价值的。在研究上的投入，可以视同购买了一种期权，如果这种期权在未来是看涨的，就会继续投入；如果是看跌的，就终止这个项目，损失的只是初期探索性的投入；如果时机尚不成熟，可以放缓投入，放缓产业化、商业化的节奏，这类似可延展性期权；如果是可以转换的，这个项目虽然不成功，但在这个项目上积累的能力和技术是可以用在其他项目上的，可以用转换期权的思路来操作。所以我们强调有了关系这个基础，就不再拘泥于预测性，而是转向潜在的可能性。当然强调关系、重视不确定性，不是否定可预测的事情。这也是任总强调的，开发应当是确定性的，是商业成功导向的；研究是探索性的，是不确定的，即使证明此路不通，也是有价值的。

接下来，玛格丽特·惠特利讲道，“我们谁都不能脱离与他人的关系而独立存在，不同的环境和人将使我们的某些特性突显出来，而另一些特性将处于休眠状态。从某种意义上说，我们在每一种关系里面都是不同的、全新的”。

关系的结构和网络，使得我们呈现出一些独特性，这些独特性实际上是受个体所处的关系网络所决定的，上述观点要求我们不应当孤立地看待个体及其表现。

甚至组织权力也完全依赖于关系的建立：“组织中的权力是由关系生成的能力。”这是一种依赖关系而存在的能量。

这与伯恩斯（James MacGregor Burns）的观点是不谋而合的，伯恩斯认为权力是一种关系，权力资源的拥有者运用他的权力资源使得对象的行为能够达到权力拥有者的目的，他也强调权力是建立在关系基础上的。

还有一个值得注意的现象是：在关系网络中，局部作用的潜在影响与其本身的大小没有关系。小范围的变化也可能影响到整个系统，这是由于每一个小系统都属于不可分的整体。由于这些看不见的关系，系统中任何一处的行动都有可能对别处产生影响。

这种现象就是混沌理论中爱德华·罗伦兹的著名假设——蝴蝶效应，巴西的蝴蝶扇动翅膀有可能在得克萨斯州引发一场龙卷风。现在从华为的实践中我们也看出这个问题，公司的规模越大，越可能受到不知道来自什么地方的、很微小的事件的严重影响，它可能给公司造成很大的损害。像P10手机，一度在网络上闹得沸沸扬扬的Flash（闪存芯片）事件，说华为的Flash来自多家供应商，性能存在很大差异，华为做了虚假宣传。其实即使像苹果公司的Flash也不可能依赖单独的供应商，何况华为这样在产业链中还不处于支配地位的企业。这件事情使P10的宣传效应、推广的轰动效应打了很大的折扣。这充分说明，在关系网络中，你不可能弄清楚全部潜在的影响机制，因此一个看似微不足道的事件就有可能对整体造成很大的伤害，这种现象太普遍了。这促使我们必须高度关注质量，认真做好每一个细节。

无形的“场”的概念与组织价值观

玛格丽特·惠特利认为，对于组织中一些难以理解的事物，用场的理论来解释好像是个不错的主意。

场已经成为解释“超距作用”的一个非常有用的工具。所谓超距作用就是物体之间没有直接接触，但是它的影响发生了。场的理论告诉我们，场可以产生无形的影响，这一点有助于我们对组织生活中某些难以规范化的方面进行管理。例如，愿景是指组织的目标和方向，把它当作场来看待再恰当不过了。

场的理论在组织和领导的范畴，很适合来解释文化的作用，包括使命、愿景、价值观这些无形的东西的作用。当然，场不管是电磁场还是重力场，都是可以用科学的、严谨的公式来描述的。我记得大学的时候学普通物理，老师把麦克斯韦方程组在黑板上列出来之后，发了一通感慨：多么对称、多么漂亮。当然，现实中的电磁场虽然无处不在，但既看不见也摸不着。不过从管理角度来看，场的理论特别适合解释企业文化和价值观在企业中的作用。

玛格丽特·惠特利讲道："如果愿景是一个场，设想一下我们会拿出怎样不同寻常的行动来发挥它的影响力。首先，我们要认识到建立愿景是在创造影响，而不仅仅是设定一个目标。其次，从场的角度进行思考，我们就会知道，我们需要高度的一致性，既要有一致的信息，更要有一致的行为。再次，我们要认识到，愿景必须渗透到组织的各个角落，以达到影响所有员工的行为的目的。"

我们解读这段话，如果把文化在企业中的作用比喻为"场"，包括使命、愿景和价值观，那这个场应当是无处不在的，但文化能否渗透到这种程度？如果不能，问题到底出在什么地方？所以企业文化能否像场一样发挥作用，渗透到每一个环节，并且在认识上和行为上达到高度一致性，要达到这一境界是十分具有挑战性的。企业文化只有转化为政策，转化为制度，并且一以贯之地落实，才可能真正像场一般发挥作用。

薛定谔的“猫问题”与观察行为的两面性

玛格丽特·惠特利讲道：“在量子力学领域，薛定谔的‘猫问题’是一个经典的思考问题。”

“在量子世界里，你看到了什么，它就是什么。量子波函数呈现出的多种可能性，我们一旦观测到，它就呈现出唯一的形态。最终呈现出哪种形态，取决于我们的观测意向。”

谈一点个人的浅显理解。“猫问题”和“测不准”原理都是一类问题，就是波和粒子的二重性。量子世界里，你看到的是什么它就是什么，观察一个事物的时候，它就变成了所观察的一个事物，而在观察它以前，它是以概率的形态存在的。这个“猫问题”，是一个简单的、假设性的实验，有一个封闭的箱子，里面有一只猫，箱子里还有一个机制，可以释放食物或者有毒的药物，但箱子里的猫到底得到释放的食物活着还是被释放的毒药毒死了，在观察之前是不知道的。我们可能知道它的概率，但是不能准确判断这个问题，但一旦打开这个箱子，它是活着还是死的，就只有一个唯一的概率，也就变成确定性的东西了。

这个理论在管理上有多大的解释力呢？对领导和组织问题有多大的解释力呢？玛格丽特·惠特利认为，我们在组织里工作或生活，与生活在薛定谔的“猫问题”世界里很类似，每个组织都有很多箱子，每个箱子都是组织的一个部门，根据玛格丽特·惠特利的经历，每个箱子里都有一只猫，猫就是员工，他们可能很有潜力，但他们的命运往往是由观察行为决定的，而且无法改变。这个事情就有现实意义了，也就是说上级的观察或者行政管理团队的观察或判断可能就决定了一个下属员工的命运，但判断是不是准确有待商榷。本来这个人具有多种可能性，每种可能性有一定的概率，但一旦观察并给其定性后，他就只有一种性质了。在管理理论上一直有这么一种说法，一个人你怎么对待他，他就是什么样的人。把员工的人性假设成善的，他就是善的，把他假设成恶的，他就是恶的。这里的“恶”指的是逐利的本性，没有其他的含义。员工是逐利的，这和观察者或者上级的观察和判断有关系。我没想到玛格丽特·惠特利对薛定谔的“猫问题”居然提出了这样的组织和管理解释，应该说，这是有大量的实践支撑的，因此玛格丽特·惠特利讲道，“对领导者来说，深刻理解观察行为的两面性是非常重要的”。

我们可以这样来理解：对于领导来说，对下属仅凭有限的观察就形成了成见和判断，这种思维模式是应该受到挑战的，这就类似薛定谔的“猫问题”，把一个含有多种可能性的问题变成了一个确定性的问题。而且对于华为来说，还有强制评级制度，这个制度要贯彻下去，不得不给它赋予强制分布的特征，A 是多少比例，B+ 是多少比例，B 是多少比例。

那么，怎么在对下属和员工的评价中尽量避免主观性和片面性呢？玛格丽特·惠特利给出的建议是：“因此，我们似乎可以得出这样的结论：对于世界上的事物，如果参与的人越多，能获得的信息就越多，我们也会因此而变得更有智慧。”

实际上我们需要从多个不同的视角对人进行判断，这也就是任总一直主张和公司一直推行的评价程序的宗旨，即一定要“集体地讨论干部，集体地使用干部”，用程序的公正性保证结果的公正性。

玛格丽特·惠特利进一步讲道，“离开关系网络和支持人们把工作做好的资源，谈组织中的角色是毫无意义的”。

如果仅从角色这个角度讨论，我们更看重的是个人的表现。如果把个人放到一个关系或资源网络中去看，脱离开这些关系网络和资源，离开支撑个人表现的行为的资源，仅仅从角色来说是毫无意义的。

玛格丽特·惠特利认为，我们应建立“能量流动模式”这样一个概念，它们是人们完成工作所必不可少的。我们应将个人的角色理解为能量交汇的相互作用区域，为了使独立的个体获得良好的工作成果，我们必须做好支持工作。另外，我们需要建立好关系网络，以便他们密切合作，共同把工作做好。“建立层级结构并进行权力分配并不重要，关键是有没有进行能量交换的区域。”

我对玛格丽特·惠特利上述观点的理解是，这个能量交换区域的概念是指个人的能量实际上要和来自关系网络或其他个体的能量交汇，然后才可能让这个角色充分发挥作用，因此应该把角色看成一个能量交换的区域，而不仅仅是个体的孤立的现象。

玛格丽特·惠特利实际上对领导到底应该做些什么事情提出了她自己的看法，重要的是要帮助下属建立好关系网络和支撑网络，建立好资源和协作的网络，而不是直接给个人或岗位下达命令或施加压力。

平衡与非平衡、稳定与不稳定对组织发展的意义

玛格丽特·惠特利指出，从《美国传统词典》（*American*

Heritage Dictionary）上找到了对“平衡”（equilibrium）的解释：

1. 表示一种情形，所有起作用的影响互相抵消，因而产生稳定、平衡或不再发生改变的系统。

2. 物理学上所指的一种情形，系统内所有起作用的力的合力为零。

3. 精神上或情绪上的平衡。

前两个定义都是消极的，这让我很惊讶。所有行为的结果为零？那么，我们为什么如此渴望平衡，甚至还用这个词来描述良好的情绪或精神状态？对组织来说，平衡也不是一种令人满意的状态，甚至恰恰相反。

我的经验告诉我：追求组织平衡，必然是死路一条。

平衡是热力学第二定律作用的结果，热力学第二定律只适用于封闭系统。平衡不是生命系统的终极目标，因为生命系统是开放系统，要与环境共生存，并不追求平衡，恰恰相反，开放系统维持着一种非平衡状态。只有远离平衡，开放系统才能够变化和成长。开放系统是利用不平衡状态来避免自身退化的。

事物在趋向平衡又打破平衡的过程中才能发展，成长的趋势实际上是趋向平衡，成长一旦达到平衡状态就终止了，要继续成长，就必须打破平衡，这其实是一个悖论。在任总的管理思想中，“平衡与非平衡，稳定与非稳定”是一对基本矛盾，也是他基本的管理理念。从外界看，华为似乎是一个从管理上追求“平衡、灰度、妥协”的企业，但是从我们内部的感受来说，华为又是一个动态的、不平衡的、政策不是很稳定的组织，怎么去理解这个矛盾？包括从 2016 年 10 月开始的，研发系统 2000 名中层主管和专家向市场和服务体系转岗，这么大的动作在其他企业是看不到的。企业可能有制度化的人员流动，但这种带有运动式的转岗，在其他企业很难看到，而且事前员工不知道有这种转岗。问题就在这里，当它突然出现的时候，你如何应对？这对员工之前的职业生涯设计可能形成很大的冲击。有些人把它看作机会，有人觉得这个事情使自己陷入不确定性的状态中。因此心声社区上也有关于此事的帖子，提出转岗员工是炮弹还是炮灰的问题。当然，每个人都有自己的判断，因为这个事情是自愿的，每个人都是在打破自己的平衡，是在追求自己新的平衡状态，这里面肯定是有风险的，是要打破过去的稳定追求一种不稳定的状态，但也可能在这种不稳定的状态中更有利于自己的继续成长。

玛格丽特·惠特利接着讲道，“自组织系统的另一个特征是长期稳定性”。说它们是“稳定”的，科学家指的是整个系统的稳定性。整个系统的稳定性是通过另外一个自相矛盾的过程实现的，若干局部的变化和不稳定性遍布整个系统。

稳定本身是由不稳定造成的一种宏观现象，这个问题如何解释，如何把它用到管理上来解释？包括我刚才提到的转岗，华为其实在 2001—2002 年期间，就有过一次大规模的转岗，当时的规模是 300 人。那次誓师大会我不在现场，但在北京研究所看了视频。公司为什么要动员 300 名研发的主管转岗到市场体系？当时的背景是，中国市场在 2G（第二代移动通信技术）到 3G 的过渡时期，由于中国政府迟迟不发放 3G 牌照，中国市场的增长空间和发展速度大幅度下降，公司在2002年的业绩压力很大，这就逼着公司到海外去拓展市场，公司选择的不是业务多元化而是业务聚焦、市场多元化。通过市场多元化来解决业务聚焦以后带来的风险，应对外部产业波动导致内部的业绩波动。当时的300人转岗，我的现场感觉，其实是有点悲壮的，一个是与我说的背景有关系，一个是之前没有先例。研发体系有一些项目经理、中层干部转到市场上去了。回过头来看，有一些当时转岗的员工走掉了，但还是有一些员工成长起来，重新回到研发的一些产品线做高管。比如，陶景文就是在那次转岗的，现在已经进入公司的高层。当然，公司的政策设计应该有连续性，政策本身应该是确定的、可预见的，这样才能对员工行为产生稳定的、持久的影响。不过，市场和环境是变化的，是不可控的，我们只有适应，从来都是适者生存。

玛格丽特·惠特利接着讲道，“我们一直认为，自主和秩序这两种力量是彼此对立的。实际上，它们是建立健康、有序的系统的好伙伴。有效的组织离不开两个关键要素的支持——清晰的同一性意识和自主性。在组织里，如果人们在清晰的组织同一性的指引下，通过自参照过程实现自主决策，整个系统就会有很好的一致性和力量。这样的组织虽然不太注重控制，但却更有秩序”。

我对这段论述的理解是，公司现在强调未来的组织模式是大平台支撑的前端精兵作战模式，公司整个变革的理想目标是，大平台的运作是程序化的、充满确定性的，同时在确定性的基础上实现自动化和简化；而前端是充分授权的、主动的、灵活的、受到监控的，这是公司的理想状态，既有前端的灵活性，又有平台的高效性。从财务的机制上来看，前端的灵活组织应该是利润中心，它们只对结果承担责任，而且对过程有很大的决策自主权。公司目前在试点合同由代表处审结，这是一个很大的授权，如果合同都要上报到公司总部来批准，效率太低。另外，合同在代表处审结，本身既增加了代表处自己决策的能量和代表处快速响应市场需求的能力，也给代表处增加了责任，自主决策就要对决策的后果和风险承担责任，当然基于利润、现金流的激励机制要跟上。

这项改革在华为的机制里是要解决什么问题呢？华为的市场覆盖了 170 多个国家和地区，这种内部的差异性是很大的。未来这些新的技术，比如云计算、人工智能、物联网、大数据、5G（第五代移动通信技术）等，它们的机会会从哪里冒出来？未来的商业模式是怎样的？单纯靠上层设计很难。举个例子，云计算的商业模式在哪里？亚马逊的 AWS（亚马逊旗下云计算服务平台）已经走出了一个模式，AWS 2016 年的销售收入是 122 亿美元，盈利是 31 亿美元，已经跃过了盈亏平衡点，成为亚马逊利润的一个重要来源。中国的腾讯、阿里也在推云计算商业模式。这三家企业有个共同的特点：有资本市场的支撑，有直接融资的渠道，我把它们称为“取之于民还之于民”，钱是从股民那里来的，还给社会。它们做公有云，做重资产的云计算商业模式是有资本市场支撑的。华为没有直接融资的渠道，是用内部创造的现金流，以及来自未分配利润和员工持股的所有者权益通过财务杠杆撬动的贷款来支撑公有云，这个力量是有限的。任总提出，一定要追求有利润的收入，有现金流的利润，不重资产化。那么云计算的商业模式如何设计？类似这样的问题还有很多。在我看来，越是在这种情况下越要授权，用一线的探索来找到可行的商业模式。从上层设计来说，它只能是理性的，或者参考外面的模式。但外部的成功模式不完全适合华为，因而我们面临非常大的挑战。这方面我们可以借鉴《领导力与新科学》一书中的思想，增大一线的自主性，让他们去大胆探索和创造。如果能够在这种不确定性和资金紧张的约束情况下，给一线充分授权，是很有可能探索出一些成功模式来的。但模式如何探索？仅靠上层的设计是不够的，即使上层设计出来，下面如何做也是想象不出来的，因此要有鼓励下面创造的机制，而这种创造的机制要求给下面自主性和灵活性。研发也面临未来的不确定性，开发可以是确定性的，研究是探索性的，也需要下面的自主性，如果仅靠上层设计，把研究的方向、业务的领域控制住是可以的，但是具体的项目、具体的模式恐怕还需要下面有更大的主动性和自主性去创造。所以关于平衡与非平衡、稳定与非稳定的讨论，在公司还是有非常大的指导意义的，公司的文化是支持这些观点的。

最后，我想再引用玛格丽特·惠特利的一段话，她说："对于如何看待由新科学而产生的丰富联想，我赞同物理学家弗兰克·奥本海默（Frank Oppenheimer）的观点，'如果一个人有一种新的思考方式，为何不应用到他认为可能适用的地方呢？人们如果能够这样联想，一定非常有趣，这往往会引导我们获得新的、更深刻的认识。'"

（此文根据作者在华为大学高研班的讲座录音整理而成，经过作者审阅）

参考文献

1.《领导力与新科学》，玛格丽特·惠特利著，简学译．浙江人民出版社，2016.
2.《领导论》，J. M. 伯恩斯著，常健、孙海云等译．中国人民大学出版社，2006.

熵减

——我们的活力之源

殷志峰

引言

没有正确的假设，就没有正确的方向；

没有正确的方向，就没有正确的思想；

没有正确的思想，就没有正确的理论；

没有正确的理论，就不会有正确的战略。

——《任正非与 Fellow[①] 座谈会上的讲话》（2016）

先分享一组数据。企业的寿命和人类的寿命在过去 50 年正好形成了一个剪刀差。与 50 年前相比，人类的寿命大大延长，平均寿命从 32 岁延长到了现在的 55 岁。而企业恰恰相反，在过去 50 年里，企业的平均寿命从 55 岁变成了 32 岁。这里人类的平均寿

① Fellow，院士。——编者注

命数据来自世界卫生组织，企业寿命的数据来自美国证券交易所上市公司情况统计。

再来看华为所处的ICT产业。我把成长达到领导地位的公司分成三代，爱立信、诺基亚都是100多岁，IBM是近100岁，惠普78岁，这些我们称之为爷爷辈的；大叔这一辈的主要是三个“70后”和两个“80后”，微软、苹果、甲骨文分别是1975、1976、1977年成立的，是三个“70后”；1984年成立的思科和1987年注册的华为，这两个是“80后”。还有一批就是“小鲜肉”，包括脸书、谷歌、亚马逊，以及中国的BAT（百度、阿里巴巴与腾讯），这些都是2000年以后成立的，到现在不到20岁。我们看这三代企业的市场价值，市场价值反映了市场对一个公司现在和未来为社会创造价值能力的预估，我们发现，基于产业生命周期规律，“小鲜肉”普遍很值钱，“大叔们”是度过中年危机的值钱，“爷爷们”普遍不值钱。

通过这些数据可以看出，在这个快速发展的技术时代，大家普遍有一种不安全感。任总在《一江春水向东流》一文里说过一句话：“历史规律就是死亡，而我们的责任是要延长生命。”不管是个人，还是企业，最终都是要死的。我们的努力就是让死亡晚一点到来，不要过早地夭折。

我们今天讨论的熵减话题就是提供一个视角，让我们看看如何努力延长自己的寿命、企业的寿命，如何让熵减成为我们的活力根源。

这篇文章，内容主要来自任总讲话、公司文件，还有古今中外的材料汇编。这次整理是试图搭建一个结构，来帮助我们思考探讨熵减。全文分为三个部分（见图 1）。

第一部分是展示一些与熵有关的现象，包括宇宙之熵、生命之熵、国家之熵和企业之熵。在企业之熵里面我们分析了柯达和惠普两个案例。在第二部分，我们透过现象看本质，探讨熵理论的起源、应用和规律。在第三部分中，我们分析如何利用熵的规律实现熵减，包括社会如何通过制度建设、思想价值观、科学技术、教育管理、开放进取、人的流动等实现熵减。最后再分享华为是如何实现熵减的，包括企业为什么发生熵增，如何营造危机感，如何开放，如何从业务战略、技术创新、管理变革、人才激励、核心价值观等方面吐故纳新，建立熵减机制。

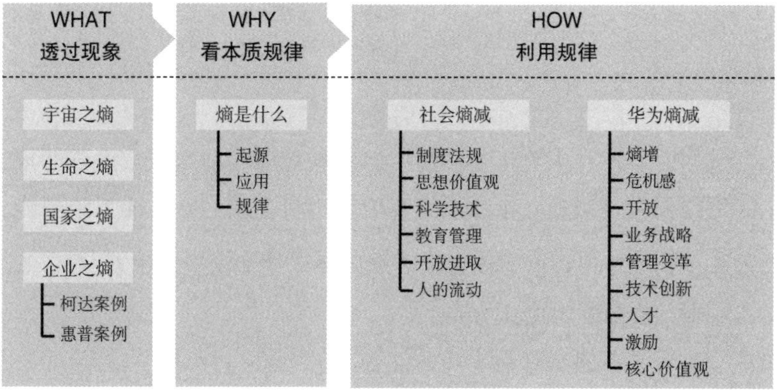

图 1　本文结构示意图

透过现象 /What

熵是热力学第二定律的概念，用来度量体系的混乱程度。热力学第二定律又称熵增定律：一切自发过程总是向着熵增加的方向发展。

“熵”理论源于物理学，常被用于计算系统的混乱程度，进而可用于度量大至宇宙、自然界、国家社会，小至组织、生命个体的盛衰。

表 1　熵的三种状态及各自的特征与解读

	特征	解读
熵增	混乱无效的增加，导致功能减弱失效	人的衰老、组织的滞怠是自然的熵增，表现为功能逐渐丧失
熵减	更加有效，导致功能增强	通过摄入食物、建立效用机制，人和组织可以实现熵减，表现为功能增强
负熵	带来熵减效应的负熵因子	物质、能量、信息是人的负熵，新成员、新知识、简化管理等是组织的负熵

我们不从过于宽泛、抽象的层面来讲熵，而是紧扣系统的功能是增强还是减弱。生命系统要能输出生命活力，企业系统要能为客户创造价值，国家系统要能够为国家带来发展乃至繁荣富强，每一个系统都要实现其功能。

熵增就是功能减弱，如人的衰老、组织的懈怠等，价值创造乏力。熵减指功能增强，比如人通过摄入食物，组织通过建立秩序等，实现熵减，功能增强。另一个概念是负熵，负熵是指能带来熵减的负熵因子，比如物质、能量、信息等，这些都是人的负熵，新的成员、新的知识、简化管理这些就是组织的负熵。比如说华为公司倡导的“日落法”，每增加一个新的流程环节要减少两个老的流程环节，这些简化管理的动作，也是一种负熵。

理解了熵的理论，你会发现华为虽然最近两三年才开始讲熵，但成立30年来，华为的文化和制度一直就是符合熵理论的，这叫作“不谋而合”。我们回溯发现，华为创立30年以来，从管理哲学阐述到各项政策制定，包括业务战略、人才管理等方面，隐约契合着耗散结构的特征，提倡与外界积极开展物质、能量、信息交换的开放精神，不断通过多劳多得、破格提拔、人员流动、简化管理来打破平衡态，促使公司实现熵减，克服队伍超稳态、流程冗长、组织臃肿、协同复杂等大企业病，激发活力，走向持续的兴旺。

宇宙之熵

> 封闭系统内部的热量一定是从高温流到低温，水一定从高处流到低处，如果这个系统封闭起来，没有任何外在力量，就不可能再重新产生温差，没有风，也没有水蒸气蒸发与流动；第二，水流到低处不能再回流，就是零降雨量，那么这个世界全部是超级沙漠，最后就会死亡，这就是热力学提到的“熵死”。
>
> ——《与任正非的一次花园谈话》(2015)

我们先看宇宙之熵。宇宙学的研究认为，整个宇宙存在一个熵增的过程，从宇宙的奇点——宇宙大爆炸开始，整个宇宙都在不断膨胀。通过天文望远镜看，一切都在离我们远去，膨胀中的过程正在让一切变得无效；我们从大自然中观察到岩石的风化，土地的沙化，河流湖泊的干涸；随着年龄增长，我们切身体会到生命的历程就是一天天地走向衰老和死亡。

但是在这个过程中，我们也会发现一些不同的现象，如果一切的趋势是熵增熵死，为什么不断有新的山脉、岛屿形成，每年春天植物都会发新芽，我们也不断听到婴儿的啼哭呢？

有次我跟朱广平一起开会，谈到公司新业务时，他说，在他的老家有一句话，要判断一个家族未来是不是有希望，就要听他家院子中有没有婴儿的啼哭。植物发新芽、家中产婴儿这些都是熵减的现象。

如果宇宙总的趋势是在熵增，那么为什么在地球上有很多熵减现象呢？因为地球是一个开放的生态系统，太阳不断给地球输入能量，这个能量就是一种负熵。它使地球发生大气流动、水循环、光合作用，由此地球就不断开展一系列的熵减活动。

这就给了我们一个重要启示，也许历史、宇宙、人生的总趋势是熵增，但如果遵循耗散结构的规律，我们就有可能在熵增这个大环境下，构建一个熵减的小环境。如果能让我们的公司、我们的家庭、我们的人生在一个小环境里实现熵减，对我们来说就是增加活力，延长寿命。

生命之熵

你每天去锻炼身体跑步，就是耗散结构。为什么呢？你身体的能量多了，把它耗散了，就变成肌肉，变成坚强的血液循环了。能量消耗掉了，糖尿病也不会有了，肥胖病也

> 不会有了，身材也苗条了，漂亮了，这就是最简单的耗散结构。……吃了太多牛肉，不去跑步，你们就成了美国大胖子。你们吃了很多牛肉，去跑步，你们就成了刘翔。都是吃了牛肉，耗散和不耗散是有区别的。所以我们决定一定要长期坚持这个制度。
>
> ——《成功不是未来前进的可靠向导》（2011）

生命之熵包括三个方面：物质负熵，包括吃、喝、呼吸、睡眠和运动等；信息负熵，包括学习知识技能，与别人经常交流分享碰撞产生思想；心理负熵，包括积极心态等。

首先，我们看物质负熵。人的生理变化有几个关键里程碑，第一个就是人体的免疫力在 12 岁时达到高峰。也就是说 12 岁以后，人体对于疾病和外来病菌侵害的免疫力就开始下降了。第二个是人的自我修复能力在 25 岁左右时达到高峰，我们大都有过亲身体会，25 岁之前特别能熬夜，无论是工作学习，还是通宵玩乐，总之不管多累，睡一觉就能恢复过来。但是 25 岁之后，人的这种自我修复能力就慢慢下降了，很多衰老的症状是从 25 岁以后慢慢出现的，人过了 25 岁就要开始和衰老做斗争了。第三个拐点发生在 40~50 岁之间，就像我们的车跑 6 万 ~10 万公里就要进行一次大修，因为这时候很多配件已经老化，要及时更换。人也是一样，《间客》里说“人是第一序列的机器”，意味着人也是一种机器，只不过是最牛的机器，是以有机体为构件的机器，是一种有思维意识的生化机器，但人终究是一种机器，符合机械特征，其零部件也会衰老、磨损。所以我们说，人到中年，因为前面经过了 40 年的消耗，特别是 25 岁之后自我修复能力已经开始下降，这时候心肺等内脏器官的衰老、血液的杂质增加、肌肉的流失等都已经在发生。这意味着什么呢？意味着身体器官的衰老节奏不一致，需要进行一次功能再磨合，这属于一种系统工程，就是你的各种器官，肌肉、骨骼、神经系统、内分泌系统要进行一次再磨合，如果经过这次大修，生命系统磨合好了，你就能从一个阶段性的体能低谷走出来，生命的输出功率又恢复到新的水平。但是如果在这个低谷期没有进行合理的自我调整，可能就会发生一些伤害，比如中年猝死这个现象，往往就是人在身体需要修复和调整的时期，还在过度消耗。每个人的 DNA 缺陷不一样，结果在某个应力集中点上就断裂了。这就是人在生理层面经历的几个重要的阶段。

所以生理熵减，就是从吃、喝、呼吸、睡眠和运动等方面构建科学合理的吐故纳新系统，吃饱了再去运动耗散。荣获 2016 年诺贝尔医学奖的细胞自噬理论告诉我们，绝不是吃得越多越好。适度的饥饿，能够促使细胞去吞噬那些病变和无用的细胞营养。对企业而言，就是在一定的经营压力下，更有动力去推动变革，清理冗余。

病理学本质也是熵减。生病就是生理结构产生了问题，而吃药就是吃一种结构，比如阿司匹林是结构合成，通过药的结构去修复生理的结构，就是负熵在发挥熵减作用。

其次，信息负熵反映的是一个人学习新知识的意愿与能力。有句话叫“在 30 岁就死去”，为什么这么说？就是有些人在 30 岁以后基本上不接受什么新东西了，后面的人生一直是活在 30 岁之前的状态，后来的他再也走不出那些曾经让青春年少的自己激动的东西了，他到现在还是在为那些东西激动，可这个时代已经向前发展了，而且发展得很快。大约 15 年前，有个领导问我喜欢看什么书，我说挺喜欢看武侠小说，他就笑，说“金庸热”都过去快 30 年了，你还看武侠小说？现在人都看玄幻小说了！从中你就发现有些人是不断跟着时代往前走的，而有些人就停下了。所以普遍而言，30 岁以后，人的学习能力就下降了。但是，也有些人到 70 岁还在不断地创造新思想、新概念，任总就是一个例子。我 2005 年到总裁办，在任总身边工作已有 13 年，其间最大的收获就是任总那种永远向前看的乐观精神，不断学习的能力和不断拥抱未来的态度，他的这种活力是很多比他小几十岁的人都不具备的。我们谈熵减就是要探讨如何激发生命活力。

再次，关于心理负熵。心理负熵其实反映的是一个人到底怎样看待时代变化带来的挑战与问题。比如我们在网络上经常看到一些喷子，说社会有各种各样的问题，制度有各种各样的问题……我就喜欢跟人讲，西方社会从文艺复兴到工业革命差不多经历了三四百年，中国自改革开放以来才三四十年，我们用三四十年走别人三四百年走过的路，我们是有巨大的进步的。中国社会现在确实还有一些问题，比如社会道德伦理需要修复，那么，再给我们几十年的时间我们是否有信心改善这些问题呢？心理负熵就是你到底是以什么样的心态来看问题。

再以人工智能为例。四年前人工智能的话题刚兴起的时候，我反复说，人工智能会造成 70% 以上的人失业。当时我比较消极，但这两年我觉得自己的态度转变了，换了一种比较积极的角度看待这个问题。但网络上主流的声音还是比较消极的。关于人工智能到底是人的对手还是帮手，现在也还没有定论，我就举一下唐家三少的例子。这个网络作家一年的版税就有1.2亿元。有些传统人士可能不理解，不就是在网络上码码字吗？这种没有任何深度、无脑的网络文学，凭什么能值这么多钱？玄幻小说有没有价值这个我们不好评价，但有这么多人拿钱去投他的票，说明他为网友们创造了价值。我想说的是，唐家三少的艰苦奋斗的精神，如果拿到华为公司，绝对也是前百分之一甚至是千分之一的。他写了十几年的网络小说，这么多年每天都要坚持更新8000字。这是什么概念？做过文字工作的人会知道，每天交付8000字是极其高的脑力劳动强度。唐家三少在接受采访时说：包括领结婚证、办婚礼、孩子出生，他每天都要更新8000字的内容，熬夜那是家常便饭。由于长期对着电脑写东西，每天在电脑前面都要坐十几个小时，他的颈椎受到严重损伤，基本只能转60度，好一点的时候能转90度，平常要戴着颈托。所以人家真的是非常努力。但他也是生不逢时，如果未来有了人工智能工具，他完全可以用任何最舒服的姿势，躺着也好，坐着也好，散步也好，贡献出自己的思想，人工智能通过深度学习他的文风、文字习惯等，自动帮助他把初稿写出来，然后他再像领导评审方案那样指导人工智能助手改一改，这样是不是会轻松很多？不仅仅是作家，我们平常人也可以用，如果写文案都可以借助人工智能助手的话，我们就不会因为长时间僵坐在电脑前而得颈椎病了。

对于人类对人工智能的恐惧，我们要认识到：人体的IaaS（基础设施及服务）主要是生化系统，人工智能的IaaS主要是物理系统，底座的区别构成了两者的本质区别和功能差异。说人工智能会取代人类，就如同说无机物可以取代有机物，这是缺乏科学常识的判断。

进一步看，AI（人工智能）只是取代强化左脑的逻辑思维功能，而人脑更大的力量是创新能力，它是由右脑的发散跳跃思维和左脑的逻辑推理思维合作完成的，因此 AI 是不可能代替人脑的。所以我们如果持积极的态度，去思考怎样拥抱未来，预测未来，让自己更适应未来，就不用总担心被人工智能替代，而是会去思考如何与人工智能优势互补。

我们讲“生命之熵”，谈的就是我们如何不断地通过物质、信息，以及心理等方面，输入这种优质的负熵，使得我们能够增强生命的活力。

国家之熵

当新一代皇帝取代旧主时，他的成本是比较低的，因为前朝的皇子、皇孙形成的庞大的食利家族，已把国家拖得民不聊生。但新的皇帝又会生几十个儿子、女儿，每个子女都有一个王府，以及对王府的供养。他们的子女又在继续繁衍，经过几十代以后，这个庞大的食利家族大到一个国家都不能承受。人民不甘忍受，就又推翻了它，它又重复了前朝的命运。

——《关于人力资源管理变革的指导意见》（2005）

我们再看国家之熵。中国历史上有一个现象，正常情况下，朝代是300年一兴衰，比如东汉、西汉、唐、宋、明、清。我以前一直在想为什么是300年？是不是有什么规律？一次听《大秦帝国》的作者孙皓晖教授分享，我受到了启发。因为农业文明最主要的社会矛盾就是粮食供给和人口增长之间的矛盾。在粮食供给上，土豆、玉米、红薯的原产地都在拉美，直到明朝后期才被引入中国。在这些粮食被引入之前，中国的可耕地能够供养的人口，最高为5000万~6000万人，上述那些朝代的人口最高峰都在这个区间。三国时期，由于打了100年的仗，当时人口从6000万降到了800万，但只要建立了稳定的新王朝，人口和土地的对立关系得到了改善，几十年的时间人口规模就会恢复到五六千万。

那这300年是怎么来的呢？其实就是从两个方面看。一方面是新朝代建立时，人口不是太多，土地分配相对来说要更加平均一些。而经过300年的时间后，强势集团已经完成了土地兼并，拉开了贫富差距。另一方面，经过300年安定生活，人口也基本上达到了中国可耕地能够养活的极限，也就是五六千万人的规模。于是人口与粮食的对立关系就危如累卵，这时只要再加上一些兵乱、旱涝、虫灾等事件的冲击，人口与粮食的脆弱平衡就被打破了，也就必然会爆发农民起义，进而导致王朝更替，如此周而复始。

所以，国家之熵就是当熵增恶化到一定程度时，就会引发被迫熵减。人口与粮食的矛盾对立，到公司层面就是内部交易成本与对外创造价值的矛盾。

企业之熵

不冒风险才是企业最大的风险。只有不断地创新，持续提高企业的核心竞争力，才能在技术日新月异、竞争日趋激烈的社会中生存下去。

——《创新是华为发展的不竭动力》(2000)

抓住了战略机会，花多少钱都是胜利；抓不住战略机会，不花钱也是死亡。节约是节约不出华为公司的。

——《任正非在上海研究所的讲话》(2007)

我们接下来看企业之熵。一家企业正常的生命周期是经历从创业、萌发，然后到成长、成熟、衰退，最后死亡的过程。所以现在华为面临的一些问题就是中年危机。当然遇到中年危机的企业也不只华为，所有成功的大公司如IBM、微软等都会遇到。问题在于能不能应对中年危机。

企业在发展过程中，熵增是一个必然的趋势。从它的内部来说，由于经营规模扩大，管理的复杂度升高了，历史沿革出的冗余的东西、不创造价值的东西会越来越多，边际效益也在递减，再加上外部的技术进步、新商业模式层出不穷、产业周期规律等因素，企业面临种种威胁，最后就表现为企业创造价值的功能失效。

华为目前遇到的挑战之一就是，我们为之奋斗了30年的通信基础设施产业正在从高速成长期进入成熟偏稳健的产业周期阶段。

这个产业的成长空间、业务特性都在发生变化，这是公司面临熵增的产业大背景。第二，华为的整套管理体系，都是适用于高速成长型市场的，一旦市场空间遭遇天花板，那种偏激进的导向机制就可能引发一些动作变形，所以这两年华为在强调“有利润的收入，有现金流的利润”。第三，高毛利、快速发展的业务状况会掩盖管理体制上的很多粗糙之处，当期经营好会掩盖对未来的投入不足，等等，一旦增长减速，水落石出，一些战略和运营上的问题就会暴露出来，比如战略洞察盲点、流程冗长、组织碎片化、决策慢、过度制衡降低效率等。

我在这里讲两个业界经典案例。

柯达患上了变革无力症，眼睁睁错过了产业的数码转型

柯达当年在模拟影像产业的辉煌超过了今天的苹果。我们这代人可能对苹果更熟悉，但是柯达鼎盛时占据了全球 2/3 的市场份额和 90% 的利润。100 多年前，第一台柯达相机研发成功，之后迅速占据行业 75% 的市场份额，获取了 90% 的行业利润。但从 1997 年开始，整个产业遭遇拐点后，它的市值从当时的 310 亿美元一直下滑到 1.75 亿美元，蒸发 90% 以上，以致 2012 年不得已破产重组。

我们先看看柯达企业文化的三个核心点：1. 永远以客户为中心，以诚信为首要；2. 永远致力于追求行业最新的科技水平；3. 重视人才发展，创立分红，与员工分享利益。很多优秀的领导公司都是这么做的，华为也是这么做的。这三点说得都对，但长期坚持却有些难。

2000 年，胶片市场迅速萎缩，柯达逐步陷入亏损，但由于既有的利益格局，组织人事烦杂，导致它变革无力，这也是成功大企业的通病。

柯达是从模拟影像时代走向成功的，它的高管、专家很多是化学家，所以第一个问题就是，如果柯达要从模拟转向数码，它就需要把从上到下的技能转为电子技术，这样原来的很多化学人才就都没有用了。所以它要完成的不是简单的业务转型，而是人才技能方面的转型问题，以及不可避免的利益格局调整。

惯性的投资错配，大量重复投资于传统的胶片技术和产业链，导致柯达忽视了对数字技术市场的投资。而那时整个产业已经在向数码转型了。

柯达面临的还有一点就是盈利好时所积累的丰厚的员工福利带来的压力。参考网络资料数据，柯达一名在职员工平均要养 4 名退休员工。华为是没有赖以生存的稀缺资源的公司，所以从来都是充满危机感的，我们从西方公司的前车之鉴已经知道，员工是养不起的，所以华为没有退休福利，公司只给奋斗者保留获取财务投资收益的机会。

当内部因素使得柯达难以转型时，外部环境却不会迁就宽容。当时日本新兴的数码相机公司富士、索尼、佳能、尼康等纷纷崛起，通过开放市场、激烈竞争，使得数字技术日新月异，柯达与这些新兴公司的差距越来越大。日本数码相机公司在便捷、成本、个性化设计上具有明显优势。

柯达本来有率先主动转型的机会。全世界第一台数码相机是柯达的工程师在 1975 年发明的。当时工程师把只有一万像素的原型机拿给公司高管看，他们没有想到这个“丑小鸭”以后会变成“白天鹅”，没有给予足够的重视。

所以在倒下的大公司里，从来就不缺乏洞察和新知，可惜它们没有把它变成决策和行动。比如，第一台数码相机是柯达发明的，但柯达却错过了数码相机市场。当年在微软内部有力推做搜索引擎的团队，但微软错过了搜索引擎。诺基亚内部也有团队一直在研究智能手机，但诺基亚还是错过了智能手机时代。甚至谷歌当年也轻视社交平台，脸书强大起来后，由于其在分类广告上具有更好的投放精确度，从而蚕食了谷歌的粮仓，此时，谷歌悔之晚矣。

有一种企业病叫“变革无力症”，即丧失自我批判能力。有问题不可怕，只要看清问题，敢于面对它，解决它，勇于变革自救，就能浴火重生。通过自我批判的循环，我们不用担心遇到问题和挑战，大公司有规模，还能后发制人，如果主动及时去顺应变化，就还有可能抓住下一波机会。但如果这个自我批判的链条断掉，就没有办法浴火重生，这才是最大的危机。所以，在拯救一个混沌系统时，一定要有一些新的代表未来方向和希望的负熵因子，只有它才能把旧秩序重整为新秩序，才能实现真正有价值的变革。就像我们上面提到的这几家领先公司，它们内部都有代表未来的负熵因子，但成功的大公司往往将过往的成功固化为一种庞大的保守惯性，为了捍卫既得利益和习惯，阻挠负熵因子的发展。

所以，为什么历史上往往是创新小公司打败传统大公司？因为对于新业务，大公司内部有阻碍因素，而创新小公司里面没有阻碍因素，这是两者之间本质的差异。不是说大公司的实力不如新公司，而是它内部有抗药性；不是说小公司跑得多快，而是大公司内部的犹豫和争执，导致它容易被小公司超越。

朱广平就此说过一个金句：一个处于成长期的企业视所有的变化为机会，一个处于衰退期的企业视所有的变化为威胁。

惠普因为战略摇摆，失去了产业领导地位

自 1939 年惠普车库创业以来，从电子元器件、医疗设备到打印机、计算机等，惠普是每一代新技术浪潮的弄潮儿，很长时间它都是硅谷精神的代表，是硅谷创新企业的楷模。但从 2000 年开始，由于没有及时跟上新一波技术发展，它一步步成为一家不再具有领先技术的公司。

看一下惠普之道：1. 重视技术创新，坚持在研发上的大幅投资；2. 创立之初就倡导激发员工的个人主动性；3. 为员工提供优先入股权和利润分享等，鼓励大家分享价值来共同创业。惠普和柯达的文化制度理念其实挺相似的。凡是能够成为业界领导者的优秀成功公司，在文化和技术层面倡导的东西都是类似的，而且不会过时，今天华为倡导的也是这些东西，关键是坚持。

20 世纪 90 年代正是微软这些新兴技术公司迅速崛起的时期，其间惠普满足于传统优势业务，没有及时跟上新技术周期的发展，错失勇立潮头的历史新机遇。

到 2000 年时惠普开始从外部引进管理层了。新 CEO（首席执行官）宣布惠普要成为 PC（个人电脑）业的霸主，并在 2001 年斥资 250 亿美元收购了康柏，这次收购震动了全球 PC 产业，但并没有达到预期的扩大收入、提高利润的目的，10 年后，惠普因该收购交易减记 12 亿美元。

下一任 CEO 认为要做 IT 业务，所以在 2008 年花了 140 亿美元收购 EDS，一家英国的企业 IT 公司，但由于收购整合不成功，因此商誉减值 80 亿美元。2010 年 CEO 又想做智能手机，于是花了 12 亿收购了 Palm，结果第二年就被他的下一任卖掉了。由于这两任 CEO 的几次收购花了很多钱，对惠普经营造成了很大压力，所以惠普做了很多降成本的工作，其中一个举措就是降低研发投入。在此之前，惠普每年把收入的 8% 投入研发，而这次把研发投入降到了 3%。因为研发投入不足，此后惠普逐渐失去了技术先进性。

再下一任 CEO 上任后主张聚焦做企业业务，宣布要把 PC 业务卖掉，虽然后来没有卖成，但是对内部员工士气和外部合作伙伴忠诚度造成了消极影响。新 CEO 为了做 IT 服务，花了 110 亿美元收购了 Autonomy，但由于在尽职调查等环节中的失职，惠普为此多支付了 80 亿美元，进而陷入了巨亏，所以新任 CEO 只做了一年就被董事会罢免了。

其后，惠普董事会匆忙找了新人接任，虽然努力维稳，但还是没有办法挽回局面。几年后，惠普分拆成 2B（对企业）和 2C（对消费者）的两家公司。

从以上过程可以看出，自 2000 年以来，几位 CEO 的战略方向不断摇摆，一会儿 2B，一会儿 2C，没有起到中长期战略航向的稳定牵引作用。如果说柯达的衰落是因为拒绝变化，那么惠普在那个阶段的走低则是因为没有一个稳定的方向牵引，没有战略定力。

作为硅谷神话，惠普永远是一家伟大的公司，为人类科技进步做出了巨大贡献，其车库创业精神也激励了一代代后来人，祝愿惠普经过调整后，能够再造辉煌。

巨头的衰败给我们的启示

历史总是在重复自己。倒下的成功大公司里面，从来不缺乏洞察与新知（负熵因子），可惜它们没有成为决策与行动，没能成功帮助企业自纠自救。

变革无力症，本质是企业丧失自我批判的能力。企业作为商业组织，最重大的变革是业务变革，特别是二三十年遇到一次的产业周期变革。传统大公司在面对业务变革时，会遭遇一系列来自内部的风险挑战和阻力，就业务变革风险管理我有几点认识。

首先是投资风险。企业一方面守着高收益、低风险的传统业务，同时又要面对高风险、收益不确定的新业务。在这种情况下，决策者有很大的压力。对策：投资决策层要长期坚持思想上的艰苦奋斗，持续保持业界洞察，敢于决断，并通过娴熟掌控投资组合管理的理论实践来平衡好“成长与风险”。

其次是权力结构风险。华为有位院士说过一句让人如雷贯耳的话：为什么工业革命以来，每个大的产业周期都是50年左右？不是新一代产业技术一定要过50年才能被发明出来，而是要等压制新生事物的一代人老去，新产业才能成长起来。大公司的高管和专家大多数是从传统业务成长起来的，对于新业务未必都有深刻的洞察和知识更新，新业务也必然引发新的权力分配，这会导致公司原有的话语权、决策权的重新调整。对策：重大业务变革是一把手工程，再造辉煌需要变革领导力。最新案例就是微软，没有比尔·盖茨的支持，不可能有萨提亚·纳德拉的成功改革。

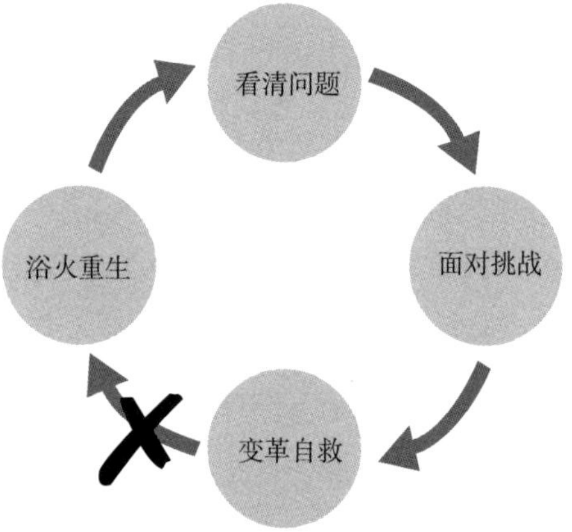

图 2　自纠机制的沦丧

第三是物质利益分配风险。投资预算、人力编制、考核激励等各方面，都可能存在传统业务和新业务的争夺，它们的背后是不同的利益群体。对策：尽可能在经营状况好的时候主动变革，用传统业务的增量来投新业务，并采用差异化的考核方式，逐步将资源向新业务倾斜配置。

第四是被传统惯性所窒息的风险。传统业务的运行惯性是厚重的，新业务很难在传统产业里面孵化出来。对策：设定政策特区，小股突围，把新业务放在传统业务之外，直接向公司高层汇报，采用为新业务量身定做的人财事管理体系，新环境，新气象。

第五是就业安全感。企业要积极推动“换脑”，以缓解“换人”引发的对队伍的冲击；但换人仍不可避免，必然有些人会因为思想和技能跟不上而被边缘化。对策：积极建设好内部人才市场、训战机制等；妥善处理员工关系，合理付出一些裁员补偿。

以上五个方面，是传统大公司拥抱新业务时面临的内部挑战和对策考虑。

变革的关键是激发负熵因子。负熵因子是旧的混沌系统中能够导向形成新的有效系统的结构因子，用负熵因子把旧秩序重整为新秩序，就是真正有价值的变革。

成功大公司患上变革无力症，往往是因为过往的成功固化为庞大的既得利益格局和保守惯性势能，为了捍卫既得利益和习惯，阻挠来自负熵因子的革新。

大公司从来不缺洞察，在方法论上也会越来越强，因为大公司有大量的资深人才和专业积累；而且，洞察本身并不触动任何既得利益，你想说什么就说什么，多尖锐都可以。但是从洞察到决策再到行动，却不容乐观，因为要触动既得利益了。为什么创新小公司在方法论上无法与大公司比，但是抓机会却高效得多？不是因为小公司跑得快，而是因为大公司跑得慢；不是大公司腿脚软，而是羁绊太多。

作为世界 IT 产业的领袖，IBM 近 20 年，从电子商务到随需而变，再到智慧地球，所提出的每一个概念都成功预言了 IT 产业未来 10 年的变革方向。但是，在坚持了数年的产业趋势即将爆发的时刻，前辈巨人却将发展机会留给了后辈公司。IBM 专家关于关系型数据库的研究论文为甲骨文埃里森指明了前进的方向，IBM 把 PC 的机会让给了 Wintel（微软与英特尔的合作）联盟，IBM 开始研究人工智能时，现在领导人工智能发展的谷歌、亚马逊、脸书还没有诞生呢。作为一家导师级的公司，IBM 一直在给行业方向做贡献，但在一次次的产业发展上却没有率先抓住机会。IBM 一直有着其他 IT 公司望尘莫及的战略视野和洞察能力，大公司如何避免“起个大早、赶个晚集”？

最后再引用一个案例。科技实力强大的苏联，是如何错失信息技术革命的？半个多世纪前，电子管技术遭遇发展瓶颈，美国人选择了新发明的晶体管这条正确的道路。苏联科学家也很出色，6 年后搞出了硅晶体管。但由于既得利益集团的绑架，学阀封杀不同意见，苏联沿着电子管技术一意孤行，1956 年的部长会议甚至得出“晶体管充其量是做助听器，让社会保障机构去搞吧”这种傲慢的结论。结果很可惜，这个拥有大批优秀科学家的民族在产业化上一路错过了集成电路、计算机、互联网、移动互联网等整个信息技术时代。

看本质规律 /Why

> 我把“热力学第二定理”从自然科学引入社会科学中来，意思就是要拉开差距，由数千中坚力量带动十五万人的队伍滚滚向前。我们要不断激活我们的队伍，防止“熵死”。我们决不允许出现组织“黑洞”，这个黑洞就是惰怠，不能让它吞噬了我们的光和热，吞噬了活力。
>
> ——《任正非在公司 2013 年度干部工作会议的讲话》

从宇宙到生命，到国家，到企业，我们看了一些熵增和熵减的现象，下面我们就来看看，如何透过现象看本质规律。

关于熵的理论发展，从 1865 年德国物理学家鲁道夫·克劳修斯开始，有一系列的科学家给出定义和分析。这里要特别讲一下 1969 年，比利时物理化学家伊利亚·普利高津提出的耗散结构。耗散结构有两个主要特征。一是开放，系统内部和外部建立物质和能量交换，如果是一个孤立的封闭系统，那么熵增是必然的，如果系统能够对外开放，那么熵减就成为可能。二是要打破平衡，形成运动张力。没有温差就没有风的流动，没有地势差就没有水的流动，不能打破平衡，内部就不可能产生张力，也就没有活力流动。这就是耗散结构两个最主要的特征，我们后续会重点分析。此外，耗散结构还有一个特征是非线性，业务环境诸要素的函数关系肯定是非线性的，非线性意味着要洞察技术突破、商业机会爆发等产业周期拐点和宏观经济周期拐点，调整资源配置策略，看准非线性的爆发点和塌陷点去踩油门、踩刹车。

熵理论的应用是很广的，有宇宙天文学、物理学、生物学、环境学等。把熵理论从自然科学引入社会科学、企业管理，是新的创见。

关于熵，我们从下面四条规律展开认识。

第一条是只有开放的系统才能熵减。如果地球没有太阳能量的输入，就不可能有合适的温度、水和生命，也就不可能有熵减的效果。

第二条是负熵打破平衡，促进熵减。比如说移民机制。从人类历史上看，移民会给一个地方带来活力，中国最有活力的地方是深圳，因为深圳 95% 以上的人口都是移民。全世界最有活力的地方就是美国，美国聚集着来自全世界的优秀移民。美国最有活力的地方是西海岸，因为那里是新移民最多的地方。

第三条是引入负熵要适量并且高品质。负熵不是越多越好，负熵的质量很重要。比如，现在欧洲遇到一些问题，如文化冲突、恐怖袭击，社会矛盾变得复杂，这是为什么？如果欧洲吸收一些没有技能也不愿意奋斗的移民，不但产生不了熵减，反而会产生熵增。打破平衡也要合理和适度。美国面临的很大问题是华尔街和硅谷瓜分了技术进步以及全球化的绝大部分红利，这两个群体以外的其他人群没有从技术进步和全球化中受益，反而利益受损，失去就业机会，社会地位下降。这就是特朗普上台的背景，他代表了沉默的大多数的爆发。如果未来人工智能的技术红利没有在社会各阶层之间合理分配，少数社会精英因为新技术带来的生产力提升而分享超额利润，沉默的大多数却被新技术剥夺了就业机会，这就可能导致阶层撕裂。

第四条就是熵增和熵减的对抗消长。宇宙、组织、生命的无效和有效都在平行展开，一个事物同时存在熵增和熵减，主要体现为矛盾的主要方面和次要方面的变化。生命可以衰老，也可以焕发新生，主要取决于你对于物质、信息、心理等方面负熵的引入，它们的质量决定了你是熵增还是熵减。

关于熵的规律运用，我们主要从如何构造一个耗散结构方面展开。孤立系统的熵永远向熵增的方向发展，但现实中，生命体之所以能够从伤病中恢复，企业之所以能从衰老中走向新生，都是熵减的效果。通过构建耗散结构，开放引入负熵流，远离平衡态，产生张力，通过负熵因子等元素的构建，最后产生系统熵减，就又能够重新有效地创造价值。

四年前《微软失落十年》这篇文章很流行，当时大家觉得微软已经日薄西山了。但微软开展了文化、考核、激励、业务等方面的积极改革，现在微软在云服务和人工智能上表现出了很强的竞争力，微软重返辉煌，网上又出了篇新文章《微软：拿什么拯救你，我的中年危机》。大公司遭遇中年危机是必然的，克服中年危机也是可能的，关键是有没有智慧和勇气去做熵减。

下面我们看看熵减规律的运用。先讲讲社会，再看看企业。

应用规律 /How

社会熵减

社会活力源自耗散结构，丁伟的文章里提到了一个模型，讲到一个系统从有效态慢慢会熵增，功能变得无效，通过采取熵减措施可以使得系统功能从无效再走向有效，这就是一个吐故纳新的过程。那么我们的人类社会是如何把这些平衡、封闭、无效不创造价值等等吐故，并吸收新思想、新技术、人口流动、阶层穿越、物质分工和交换这些负熵因子，实现纳新的呢？下面我们看一些做得好的例子。

制度与政策带来熵减——君主立宪制成就日不落帝国

三百多年前的法国是拿破仑时代，它差点把英国消灭了，那个时候英国弱势，法国强势。英国就爆发了光荣革命……英国一个人没死，光荣革命就完成了，就出来了英国的议会制度。资产阶级民主带动英国蓬勃发展，三百多年把全世界占完了。而法国大革命轰轰烈烈，血流成河，这让作家找到了兴奋点，热血澎湃，出来好多好作品，人们记住了法国大革命，忽略了英国光荣革命，但是英国发了大财，把全世界都占光了。法国内斗了几百年。

——《任正非和广州代表处座谈纪要》(2013)

早在1215年，英国国王就和贵族签订了《大宪章》,《大宪章》讲“王在法下”，约束了封建君主的权力，成为构建法律的基石。正是有了这个基础，英国才产生了1688年光荣革命，这场革命基本没有流血，却使英国顺利进入政体转变。相比而言，法国大革命腥风血雨，却没有解放生产力，所以法国大革命不是正面榜样。后来英国再通过《权利法案》保护私有财产，直接促使了工业革命的产生。

任总讲“没有正确的假设，就没有正确的方向”。假设是最重要的，一个有效的政策一定基于正确的人性假设。英国人假设人性是自私的，制定政策保护专利发明者的个人利益，结果英国人及其文明辐射的欧美人的头脑里的聪明才智就源源不断地变成蒸汽机、铁路、汽车、发电机、电报、电话……生产力就是这么解放出来的。同时，英国人也认识到人性的自私如果无限膨胀，会走向极度贪婪，产生对社会的破坏力，就用法律和宗教加以约束与平衡。

英国可以作为当时全球制度创新的典范。而且我们发现一个现象，凡是被英国殖民统治过的国家和地区，比如美国、澳大利亚、新加坡、南非、肯尼亚及中国香港等，这些地方都留下了英国的制度体系，在一定程度上可以说，这些制度体系促进这些国家与地区走向现代文明，取得了繁荣发展。为什么华为在巴西的业务经营会连续亏损13年，一个重要原因是巴西混乱的税法体系。当年对拉美殖民的宗主国没有在当地建立高效的制度体系。

科学与技术带来熵减——工业革命让欧洲免于熵死寂灭

知识经济时代，企业生存和发展的方式也发生了根本的变化，过去是靠正确地做事，现在更重要的是做正确的事。过去人们把创新看作冒风险，现在不创新才是最大的风险。

——《华为的红旗能够打多久》（1998）

欧洲曾经辉煌，然后进入熵增的过程，经历了近1000年的中世纪，当时部分教士团体和贵族阶层为巩固自己的权力和利益，对民众实行愚民政策，导致思想禁锢，文明停滞。中世纪的欧洲，其文明水平和生活质量远远落后于东方的唐朝、宋朝。

但为什么后来是欧洲引领了工业革命？在漫长的中世纪中，神权把人性、人的创造力全部禁锢住了，它怎么打破？一次适当的打击，是一次拯救。欧洲经历了近1000年的中世纪，已经到了熵死寂灭的边缘，这时一个偶然历史事件发生了——黑死病。黑死病使得欧洲减少了40%~60%的人口，整个欧洲对教会的信任下降了。有的整个家庭、整个村子的人全都死了，民众在极度痛苦和恐惧中，很自然地发出质疑——这些年，我们把财富和信仰都献给了上帝和教会，上帝和教会为什么不来保护我们？黑死病引发了怀疑的力量，这一场大灾难把中世纪传统宗教思想对人性的压抑、对思想的束缚彻底打破了。这就是物极必反，祸兮福所倚。

所以，也许在某种程度上可以说，有了黑死病才有了文艺复兴，才有了宗教改革，才有了思想大解放，才有了君主立宪等制度创新，才有了私有财产保护。因为有了这些思想和制度上的准备，才产生了工业革命，产生了大航海时代。黑死病作为负熵，改变了欧洲的历史。把大历史贯通起来看，就能领悟到什么叫天算。

工业革命乃至技术革命对人类文明的推进作用，怎么说都不为过。价值创造四要素包括劳动、技术、企业家和资本。劳动主要是一种认真负责的精神，又称工匠精神。企业家方面，过去有优秀的人，现在有优秀的人，未来也还会有。资本更不会有什么变化。价值创造四要素里最重要的，并且在不断变化的要素就是科技创新。

所以我们说，科技是推动社会进步的第一生产力，改变了文明各要素。现代社会从经济到政治，从政权到民生，一切进步的本源都是科技进步。

就企业而言，没有技术的技术公司是没有生存安全感的，大而不强。2017年中的4个月，标准普尔指数[1]的500家上市公司中，5大科技巨头[2]市值上升2600亿美元，其他495家减少了2600亿美元；2018年6月26日，曾经是美国市值最高的工业巨头通用电

① 指美国最大的证券研究机构标准普尔公司编制的股票价格指数。——编者注

② 指苹果、微软、谷歌、亚马逊及脸书这五大科技公司。——编者注

气公司被正式从道琼斯工业指数中除去，取代它的是医疗保健巨头沃博联。通用电气依然拥有航空发动机等核心技术，但背后的深层次原因在于美国经济产业结构已经发生变化，医疗保健和IT科技公司才代表未来。百年老店面对的是产业生命周期的挑战。

思想与价值观带来熵减——新教伦理造就美国繁荣

> 是新教伦理揭示了中世纪宗教改革的哲学思维，这种对人性释放的哲学思维，它叫资本主义精神，开创了对人性的差异化的承认，对差异化也给予了保护，这种对人的权利的保护，释放了个人努力的主观能动性，促进了发展。这种精神同时也推动了西方的社会改革，从而形成今天繁荣、现代化的西方。
>
> ——《从“哲学”到实践》(2011)

源自文艺复兴、宗教改革的一群清教徒，被欧洲的保守势力围剿，他们乘“五月花”号来到莽荒大陆，从《独立宣言》再到费城立宪，美国用短短200多年从荒野之地发展成为法制化、市场化高度发达的国家，经济、军事、科技、教育等方面均领先全球。

《独立宣言》为独立战争胜利和美国发展奠定了思想基础，确立了国家主权。《美国宪法》奠定了美国政治制度的法律基础，使美国成为一个具有全国统一中央政权的联邦制国家，主干清晰，末端灵活。清教的英雄主义精神和包容矛盾世界的理念，成为美国文明的内核：多元、平等、开放、宽容。清教提倡的积极、开拓、诚实、勤勉和节俭，成为美国人共同的价值观。

美国价值观归结到一点，就是肯定价值创造，反映到俗世就是对物质文明财富和精神文明财富的全力创造。价值观对一个人、一个社会的影响非常大，如果不导向价值创造，生产力就被闲置在那里，人们都在那里空谈、虚耗。

激发活力不是瞎折腾。邓小平搞改革开放，就是给活力加了一个正确的价值观，把人民群众的生命能量从搞阶级斗争互相伤害，转移到搞生产建设创造财富上，就是调整了用力的方向。蛇口街头有块牌子，弘扬的就是改革开放的价值观：空谈误国，实干兴邦。

最近与同事聊天谈到小时候的深刻记忆：前一年还在饿肚子，第二年因为推行了家庭联产责任承包制，当年就实现了大丰收，粮食一车车往家里运。这就是基于正确的人性假设制定了正确的政策。

有了正确的价值观和制度建设，生产力就被释放了出来，力出一孔，利出一孔。

教育与管理带来熵减——日本脱亚入欧走向富国强兵

“用最优秀的人去培养更优秀的人”是日本人的口号。如果没有这一百多年来对教育的疯狂投入，日本就不会有今天，日本最大面值的纸币印的是教育家（日本现行4种面额纸币，其中最大面值1万纸币上印的是日本作家、教育家福泽谕吉，还有几位是医学家、小说家），在一百多年前的极端困难时期，这个国家的天皇还要省一顿饭钱拿去搞教育。

——《任正非与华为大学教育学院座谈会纪要》（2013）

日本仅用50多年，便从封闭落后变为开放先进，实现了富国强兵。

中国在1840年鸦片战争中被打得割地赔款时，日本也一样遭受西方的坚船利炮的欺压，虽然没有割地，但也赔款。打完仗以后，清政府和日本都派人到欧洲去学习，清政府花了大笔银子建了北洋舰队，号称远东第一大舰队，排水量最大。日本重点考察了欧洲的教育体系和制度体系。欧洲人在一旁观察评论：50年以后，日本将打败中国。果然，1895年爆发了甲午海战，日本赢了。

中国人一直对近代史上数次被日本打败耿耿于怀，但我们看一组数据，大家就可能从气愤改为反省了。日本小学入学率在1906年已达到100%，而同期中国的识字率仅为20%左右，中国1986年开始实施义务教育，小学入学率在1999年首次达到99%。也就是说，在教育方面我们比日本落后了一百年。军事、经济实力的差距，只是一个结果。华为大学有一句校训就是从日本人那儿学来的，叫作“用最优秀的人去培养更优秀的人”。德国人对教育的认识也有一句话：一个国家的强盛是小学教师在讲台上完成的。

关于企业管理给日本带来熵减，就举一个例子。美国质量管理大师戴明的学说开始在美国企业讲，不受待见。后来他到日本，被企业界奉为神明，结果就是以丰田质量为代表的日本工业对美国同行的逆袭。这里面也有民族性的缘分。品质管理就是整齐划一齐步走，这对于汪洋恣肆天马行空的美国人来说是无法忍受的，而循规蹈矩的日本人却会随着节奏走得很带劲。

阶层穿越、优质移民引发熵减

> 我们要欢迎那些胸怀大志、一贫如洗的人进入华为公司。他们将是华为公司一支很强的生力军。在这种情况下，华为公司会有更强的战斗力，有更强的战斗力我们就可以抢到更多的粮食，有更多的粮食我们就能有更大的投入，有更大的投入我们就有更大的实力，我们这几个更，就成了良性循环。
>
> ——《成功不是未来前进的可靠向导》（2011）

前面我们说过美国的持续繁荣在于坚持从全世界引入优质移民，特别是“二战”期间，美国从欧洲引入大批受到种族主义迫害的科学家，战后又利用美国的高薪和富裕安全的生活环境从全世界吸引优秀人才移民。

类似的案例是秦朝时统一中国，而秦国用的那些能人，商鞅、张仪、李斯等，都不是秦国人，而是来自卫、魏、楚等地的“外国人”，他们要么是破落贵族，要么就是平民。这些人才在等级制度森严的母国体制中没有出头的希望，但因为秦国大胆起用外来人，鼓励阶层穿越，唯才是举，所以才统一了中国。

还有一个案例是隋文帝。西方发现中国的科举制度后觉得中国古人太了不起了，一千多年前就有这样的社会活力机制。社会一旦形成阶层固化就将失去活力，而科举制度可以促成阶层穿越，激发活力，所以西方学者称隋文帝为中国历史上最被低估的皇帝，因为西方价值观是导向对制度建设做贡献的历史人物。隋文帝执政期间有两个“开天窗”的贡献，一个是确立三省六部制，这个中央行政体系加上秦朝的郡县制，使得治理幅员辽阔的农业文明帝国成为可能；另一个是科举制度疏通了社会阶层，持续激发活力。这两个制度建设为后续的唐、宋、明、清等几大盛世的持续繁荣奠定了文明的基石。

华为熵减

热力学第二定律阐述了，自然界不可能将低温自动地传导到高温，必须有动力才能完成这种逆转。人的天性会在富裕以后变得惰怠，这种自发的演变趋势现象并不是客观规律，人的主观能动性是可以改变它的。

我们组织的责任就是逆自发演变规律而行动，以利益的分配为驱动力，反对惰怠的生成。民意、网络表达多数带有自发性，我们组织却不能随波逐流。组织的无作为，就会形成“熵死”。

——《从“哲学”到实践》(2011)

我有幸从事企业管理的研究和实践20多年，从流程、组织到治理、文化，从工业时代到信息时代，目前正在走向数字时代；从起初对管理科学大厦的仰视、膜拜，期望为之投入自己渺小的一生，到现在平静地凝视它，一些我曾经自以为清晰的认识又变得有些模糊，对管理体系从理论到实践我都有一些新的反省。

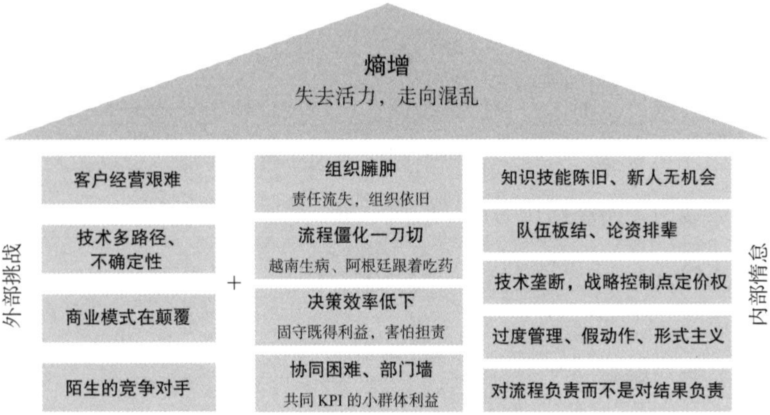

图 3　熵增导致企业失去活力

管理体系的最终目的就是多打粮食。耗费巨大资金和心力构建的管理体系，未必一定给业务成功带来正面效应。对比几个兄弟业务，为什么管理体系建设比较成熟的业务，反而不如管理体系较不健全的业务发展那么迅速、那么活力四射？当然这里面有产业生命周期的影响；但是，如果管理体系不能帮助我们战胜业务环境变迁的挑战，那这个管理体系的价值在哪里呢？

这里分享几点也许存有偏颇的认识，请有识者批判指正。

流程方法论的前提假设

遭遇技术快速迭代的挑战，为什么很多新生代公司在流程体系并不完备的情况下，照样取得了令人瞩目的商业成功？

文章开篇引用了任总说的有正确的假设才有正确的思想、理论。流程方法论的原理是：通过固化成功实践经验，使得成功可重复获得。这个原理的假设是，业务环境相对稳定，业务场景标准化，做一个流程可以用10年。

当业务环境从工业时代转到IT时代，未来进入数字化智能时代，流程原理的前提假设遭遇挑战，表现在两方面。

业务环境快速多变。我们把一个成功实践固化到流程，需要一年的时间，但是一年以后，业务自身都不一样了，商业模式、技术发展不断推陈出新，流程建设跟不上业务变化。如同刻舟求剑，船已经动了，船帮上的刻痕又有什么用呢?

业务场景差异化巨大。面对全球170多个国家和地区成千上万的差异化业务场景，我们很难通过去一线看几十个业务场景就试图归纳出普遍规律。事实上，即使是同一个业务案例，总有人能说出你不知道的另一面，就算你具有阿尔法狗那么厉害的计算能力，也无法设计出放之四海皆高效的流程体系。

任总说主干清晰，末端灵活；华为近几年倡导一国一策，一T（大的电信运营商）一策，这都是实事求是的。但在流程实践上，还是达成上行下效的默契，你给我一个程序、规则、模板，你我才都有安全感。我不顾实际情况照搬执行，错了反正抱怨制定流程的你。如果真要把末端流程的制定权前移，就需要能力前移、决策前移。

这里绝不是全面否定流程的价值，而是要充分认识流程方法论面对技术快速迭代、业务快速变化后的局限性，流程方法论只有克服这些局限性才能对多打粮食做贡献。

企业管理的很多方法论都是基于流程的。如果固守工业化时代的流程理念，会阻碍我们打赢数字化时代的商业战争。

组织建设要紧跟业务，但实际上受到噪声的干扰

面对叠床架屋的组织结构，不要焦虑，要静下心来思考：这么复杂的组织形态，是被文化补偿、权力格局、人员安排等因素给扭曲了。如果排除这些噪声干扰，高效的组织形态应该是什么样的？

其实就两层。现代企业的本质特征是所有权和经营权的分离。企业的高效组织形态是极简的，只需要两层，代表所有权的资方团队做投资决策（承担投资风险），代表经营权的劳方团队负责经营目标达成（不达标就被问责）。

一个大企业为什么会演绎出那么多的中间组织层级？为了满足管控诉求（各种报告和指令），承载历史的躯壳（各种机构和职位）。管控当然是企业管理的重要诉求，但是必须控制在合理的程度。正如彼得·德鲁克所说：一切对内管理都是成本。这些中间层产生的内部管理越多，内部交易成本就越高。一个企业的熵增程度，取决于管理层是目光向内，还是目光向外，简单的验证数据只需要看看管理层的时间分配，有多大比例是对内管理，多大比例是对外管理。

还有两种常见的组织功能：服务和监管。服务就是SLA（服务水平协议），从本质而言大部分是可以内部市场化甚至外包。监管就是要平行于业务，而不能串行于业务，导致效率迟滞。对监管而言，业务是透明的，一切都看得清清楚楚，仅根据条件触发警示和干预；对业务而言，它大踏步地向前走，能感受到监管的威慑，但不是羁绊和掣肘。

随着数字化技术发展，未来社会的商业组织模式，就是共享大平台上充满活力的一个个经营单元，如优盘一般即插即用。这个方向大致正确，实现节奏取决于技术迭代速度。技术进步了，传统的组织理论将与时俱进。

文化如果深入人心，80% 的管理动作都可以取消

从事文化建设近 20 年，我一直在思考：企业是商业组织，文化这种似乎虚无缥缈的东西，到底对企业的商业成功有什么贡献？

答案是，管理系统包括关系和节点。如果上下、左右、内外、前后等各种关系之间相互理解信任，如果每个岗位上的员工都被激发出做好工作的内驱力，80% 的管理动作都可以取消，内部交易成本会大大降低。

这就可以解释，为什么当华为还是一个小公司的时候，其流程、组织都不健全，但却充满活力，可以积极高效地创造商业成功，这就是文化的力量，队伍的精气神儿。

文化一旦沦丧，管理就会丛生，成本显著增加。烦琐管理，表现为冗长僵化的流程，叠床架屋的组织，几十个上百个评审点，PPT（演示文稿）满天飞，汇报汇报再汇报就是不决策，决策之后一层层选择性执行、扭曲执行，于是又派生出类别繁多的管控机构……

内部管理变得日趋复杂，往往意味着文化出现了问题，相互的信任、发自内心的事业追求在减弱。企业为了弥补信任的缺位，从而增加更多的管理动作，而如果设计不当，这些管理动作可能会进一步削弱相互的信任，把内驱力、事业心变成考核驱动，没有激励就不干活，不监管就违规，责任权力的碎片化……如此陷入恶性循环。

《人力资源管理纲要》倡导基于信任的管理。叶晓闻在新高研班交付了一篇优秀论文，深挖了信任的价值：当年科斯凭一句“企业的边界是内部交易成本等于外部交易成本”获得诺贝尔经济学奖，那么企业的内部交易成本由什么决定？就是信任。缺乏信任必然导致管理复杂化，进而导致内部交易成本不断升高，企业就触及发展的天花板了。

文化是能量场，呈同心圆放射状展开。随着企业规模增大，文化的边缘影响力随距离增加而弱化。无形的文化作用力弱化后，只能靠各种有形的管理机制来强拉维系，管理动作越多，成本越高，效率越低。所谓大企业病，就是这么来的。

事业激发事业心。企业愿景落到每个员工身上，就是让员工发自内心地认为自己的工作有意义。走进松山湖的制造总部，就会看见一条醒目的标语：你每天都在造世界上最好的手机。这就是工作的意义，受意义驱动的人，才有工匠精神，才能造出精品。

用新的眼光审视我们在工业时代产生的管理体系，保留有用的，摒弃过时的。科学技术是第一生产力。技术革命了，人员、组织、社会等各方面从价值诉求到技能提升都在进步，管理也必须与时俱进。步枪时代的战争思想无法打赢坦克战；坦克时代的战争思想无法打赢航母战。

华为如何实现熵减

惶者生存，坚持自我批判 + 乐观精神

如果一个公司真正强大，就敢于批评自己，如果是摇摇欲坠的公司根本不敢揭丑。正所谓“惶者生存”，不断有危机感的公司才一定能生存下来。

——《以客户为中心》导语（2016）

华为如何实现熵减？最重要的就是惶者生存，保持危机感，坚持自我批判。我们把任总十几年的文件列了一下，从《反骄破满》《华为的红旗能打多久》《华为的冬天》《成功不是未来前进的可靠向导》《前进的路上不会充满鲜花》等一系列的文章里面我们看到，首先只有在思想意识上不断地建立危机感，不断强调危机感，才能使公司的自我批判、自我革新成为可能。

有危机意识，但不要看见问题就悲观。没有乐观精神，就会被困难打倒了，还怎么可能解决问题？

华为是一个开放系统

我们要敢于去拥抱这个快速变化的时代，也要敢于去拥抱全球化。……我曾说过“都江堰疏导不了太平洋”“八百里秦川何曾出过霸王”“秦淮河边上产生不了世界领袖”“北京没有户口指标成不了科技中心”……是逼迫我们这一代人就

要成为世界领袖，而不是繁衍几代后才是。

——《任正非在2017年市场工作大会上的讲话》

万宝路的电子烟卖得很抢手，宝马对电动车研究得很深入。通过开放，我们才能把颠覆的力量变成营养，让黑天鹅在我们的咖啡杯里面飞。

凡是能够帮助我们提升能力的合作机会，我们都可以去尝试，甚至说就是合理沟通，都不需要对方加入华为公司，也不用对方的成果，就是希望和对方聊一聊，拓宽我们的视野和思想。当然如果面向未来的专家、人才愿意加入华为公司那更好，我们甚至会为了一个业界的权威专门设立一个研究所。比如我们在意大利米兰设置微波研究所，就是因为马可尼在那儿有微波的技术积淀，雷纳托又是这方面的顶尖人才。后来雷纳托帮助华为把微波做到了全球第一的水平，这都是开放思想的胜利。

用业务战略牵引业务创新和管理变革

未来二三十年，人类社会会演变成一个智能社会，其深度和广度我们还想象不到。

——《任正非在2017年市场工作大会上的讲话》

一个企业要想活得久一些，它的寿命就要努力超越产业生命周期的限制。按照康德拉季耶夫的长波理论，人类从工业革命到现在的250年，经历过五大产业周期。比如西门子这样的百年老店，经历过电报电话、电力照明、自动化、医疗四大产业周期，每个产业为其贡献了30~50年的辉煌。

华为前30年的高速发展，当然有自身的主观努力，加上天时地利人和，我们客观上吃足了通信基础设施全球大发展的这波产业红利。没有国家的改革开放和产业红利，单靠艰苦奋斗也未必能有所作为。

通信基础设施这个产业，经过30年的发展，基本上已进入成熟稳定期。华为要想继续成长，正如任总在英国和捷克的讲话里指出的，就需要做好对时代的洞察，敢于决断，然后靠坚定不移的执行力去落实。如果固守在传统领域，缺乏新洞察、新思想、新管理、新技术，那就是熵增，会落入成功大公司的陷阱。

诺基亚感叹，当年它们的研发投入比苹果高4倍，在客户需求分析、产品品质上没有犯任何错误，产业数据库包罗万象，能够支撑任何产品和市场的分析需要。没做错什么为何会被打败呢？因为产业变了，苹果是从不同的赛道打败了诺基亚。

2017年5月，华为在上海开了战略务虚会，提出“方向要大致正确，组织要充满活力”，为未来的发展提供了方针。

一家科技公司的竞争力，要么有技术，要么有成本。要抓好两个主要矛盾，一个是管好业务组合，一个是降低交易成本。

一方面，我们面临技术井喷，站在信息时代，展望未来的演进方向，依次是智能时代、生物时代、意识时代，从大数据到无机承载，再到有机承载，再到目前还无法认知的承载体……这个大方向是可以预见的，但是具体的路径充满不确定性，而对于企业，细节是魔鬼，在实现途径上的选择错误、节奏踩错，都是遗憾。

如何应对不确定性，是方向大致正确、组织充满活力的关键。

多路径、多梯次，管理不确定性就是做好业务的投资组合管理。华为目前的战略组合还是很清晰的。

CNBG（运营商业务集团）是 cash cow（现金牛），抓好经营质量，为新业务提供利润和现金流。

CBG（消费者业务集团）是 star（明星产业），以保证一定利润率、健康经营为前提，鼓励弹性预算下的加大投资。

安平业务部、Cloud BU（云业务单元）、车联网……是从 question mark（问题队列）里面筛选出来的种子，希望几年后成为 future star（未来之星）。

另一方面，随着企业规模的增长，管理复杂度不断增加，导致规模产生的边际效应不断降低，当内部交易成本等于企业外部交易成本，与其自己做还不如外购。所以企业要想发展，就要降低内部交易成本，一旦内部交易成本等于甚至大于外部交易成本，增长的边际效益已经是负的了，就无法再增长了。

华为在降低内部交易成本方面有很多管理革新可以做，比如从市场销售到解决方案，到客户群，到产品线。现在组织碎片化导致内部沟通和协同花费大量的时间，所以我们正在推动把端到端组织打通，不需要通过大量会议协同，而是通过端到端流程的拉通，通过部门的 KPI 拉通，使得内部交易成本大大降低。

以核心竞争力驾驭不确定性

改变研发投资结构，扩大研究和创新的投入比例。比如，开发经费占总研发经费的70%，要有30%来做研究和创新。

——《多路径 多梯次 跨越“上甘岭”攻进无人区》（2016）

不确定性的事情，由精兵组织来应对。确定性的事情，由平台或共享组织来支持与服务。对不确定性的考核是风险的把握；对确定性的考核是效率与效益。

——《埃森哲董事长拜访任正非的会谈纪要》（2015）

华为的研发预算，以前产品线和2012实验室的预算大概是9∶1，未来将调整到7∶3，就是加大对未来不确定性的研究。

三星给了我们很大的启示。2017年三星一款手机发生事故后，大家都觉得三星要大亏，因为仅一个爆炸事件就造成其70亿美元的损失，结果三星有液晶屏和存储芯片这两个战略控制点，它把这两个东西涨了涨价，在2018年就成了全世界最赚钱的公司。

再举个例子，民航业是充分竞争的市场，全球大概有几百家航空公司，基本全行业亏损，但其背后有两家设备供应商，一个是空客，一个是波音，它们的日子要比航空公司好很多，因为发展到了双寡头格局。但在这个产业里活得最好的是做发动机的，就是通用电气和劳斯莱斯这两家。全球能够造核武器的国家有10个，能够把卫星送到外太空的国家有6个，但是能够造大推力民用航空发动机的国家只有两个——英国和美国。这意味着大型民用航空发动机的技术含量要超过人造卫星，甚至核武器。

根深才能叶茂。做一个产业，最终还是要做深做透，实现技术自保。没有具有核心竞争力的护城河和防火墙就没有安全感，没有扎根大地，几百亿元的收入规模也是沙滩上的摩天楼，顶不住台风的袭击。以前我们大量研究的是算法和数学，以后要深入物理和化学的层面，构建技术根系。当然这方面的人才不一定是为我所有，但可以为我所知、为我所用。

能力是业务逼出来的，有业务实践才有能力转型与提升

各部门的循环赋能、干部的循环流动千万不能停，停下来就沉淀了，就不可能适应未来新的作战。预备队方式的旋涡越旋越大，把该卷进来的都激活一下。这种流动有利于熵减，使公司不出现超稳态惰性。

——《人力资源政策要朝着熵减的方向发展》（2016）

ICT 产业是一个朝气蓬勃的产业，市场空间有 4 万亿 ~5 万亿美元。身处 ICT 产业，我们不缺机会，只缺能力，而且首先不是个人能力问题（公司里面潜藏着碎片化的真知灼见），而是组织能力问题。组织能力，就是如何有系统地主动建设相应的业务能力，并通过组织、流程、人才、决策机制等来集成和固化个人能力。

现在能力不足，源于过去业务不需要。英国历史学家汤因比分析过 13 个消失的文明。其中有个部落是牧羊文明，把怎么种草、怎么放牧、怎么提升羊的繁殖生长、怎么产肉、怎么剪毛等牧羊技术都做到了极致。后来气候变迁，草地枯死，整个文明就消失了，因为这个部落只会牧羊，不会种地、打猎、捕鱼。

我 30 年前读到这个案例时对它印象很深，之后也时常会想起

来。企业的管理体系应该是由业务决定的，要随着业务的演进而优化。华为现存流程、组织和能力（人才结构）是基于多年通信行业跟随者的定位而建设的。业务环境向前走了，整个管理体系和队伍有些不适应。端到端能力是后端强，前端弱，交付全球第一，销售很强，部分产品也很强。但是前端的解决方案，商业模式、生态建设、技术架构、不确定性管理（战略管理）等能力相对较弱，因为以前优秀运营商、设备商、产业标准组织把这些工作都做了。

能力是业务逼出来的。领先公司的能力优势都不是天生的，都是被业务逼出来的。华为创业初期做通信基础设施产业，很多工程师不是学通信的在做通信，不是学软件的在编软件，是在没有能力的情况下靠艰苦奋斗和业务压力，在战争中学会作战的。我们有哈吉保障的业务压力，持续改进后我们在这方面的能力就是世界第一；天猫有"双十一"天量交易冲击，它的软件架构与效率就强；再比如，我们 10 年前一步步提升一站式工程能力，这几年终端公司在操作系统、拍照等方面的持续优化，平安城市在提升行业理解能力，无数案例都证明是业务压力逼迫了能力提升，而不是具备了能力才去作战。

金一南将军说：军事教育的本质是战争教育。早做业务，早培育能力。能力不足不用担心，关键是早参与，在战争中学会打仗。业务实践提升能力，包括提升决策能力，因为管理层对这个业务体验多了决策才有感觉。

业务方向决策只能是获得 70% 的信息之前就得做，等拿到 90% 的信息时，机会窗已经过去了。所以决策的本质就是风险决策，没有风险还需要决策吗？

管理要匹配业务实质，因地制宜，才能多打粮食

> 变革的目的就是要多产粮食（销售收入、利润、优质交付、提升效率、账实相符、“五个一”……），以及增加土地肥力（战略贡献、客户满意、有效管理风险），不能对这两个目的直接和间接做出贡献的流程制度都要逐步简化。
>
> ——《变革的目的就是要多产粮食和增加土地肥力》（2015）

随着业务特性呈现出多样化，试图用一套大一统的管理体系适配全球，会给业务发展带来羁绊。面对不同的业务周期阶段、不同的产品特性、不同的项目周期长度、不同的商业模式、不同的产业生态，采用差异化的管理体系以匹配业务实质，才能多打粮食。打个比方，以前的管理体系是工厂成衣店，未来的管理体系是裁缝店私人定制，一国一策、一客一策。

什么叫管理机制匹配业务实质？比如对于运营商基础设施长周期项目：

（1）考核节奏周期要匹配业务里程碑和全生命周期；

（2）奖金包分成三份，部分补发给洗盐碱地、构建格局的前人，部分发给当期贡献者，部分递延到项目全生命周期结束发放，以确定真实盈利。有同事形象地说这是“给栽树的人，培育树的人，摘果子的人，合理分配奖励”。

（3）离任审计要评估未结束项目的后续盈亏，建立连带机制，接任者参加评估。

管理体系建设有两种逻辑：业务决定管理，管理决定业务。

为什么很多大公司最终不由自主地走向“管理决定业务”？因为对内管理是确定性的，容易，风险小；对外管理是不确定性的，很难，风险大。

跟随业务环境的演进，不断调整自身的管理体系，是一个辛苦、痛苦的过程。而一旦管理不匹配业务特性，不随业务与时俱进，管理就走向闭目塞听、自我完善，进而走向过度管理。

很多大公司死掉，不是管理太差，而是管理太好（管理过度）。曾经有一个学者研究了世界500强企业里面倒闭的公司，发现它们有三个共同特征：第一，都有一个企业博物馆，企业博物馆里面放着公司从成立每一代的每一款产品；第二，每一个岗位都有职位说明书，说这个岗位应该对什么负责，要做什么事情；第三，每个员工都有一本流程操作指导书，讲解在流程中哪个岗位要进行哪些操作。

这反映了企业的过度管理和僵化管理。业务环境是在不断变化的，如果想把自己的内部管理做好，很简单，只要不看外面变化，闷头对内，肯定能建设一个很完美的管理体系，但这样的管理体系不能适应业务变化。

曾经有人给任总提建议，华为应建一个企业博物馆，把从第一代小交换机开始的产品等都放里面。任总没同意。一家高科技企业，绝不能对历史怀旧，绝不能躺在过去的功劳簿里，因为那样很危险。

所以管理体系一定要防止刻舟求剑。业务不断在向前跑，管理体系建设的方法论，注定了管理体系永远是落后于业务的。管理体系要有适当的容错和不完美，但一定要保持与业务的对齐，这样整个组织、流程才有活力。

武器的进步持续推进战争理论的进步。冷兵器时代，火枪时代，机关枪时代，坦克时代，海军、空军时代，作战的理论都必须随武器的进步而持续前进。德勤有个模型，说技术是变化的龙头，技术进步了，人要跟上，然后是组织跟上，再然后是社会跟上。所以，那些最先掌握新技术的人，就在人群中领先了；那些最先获取掌握新技术的人才的公司，就在产业中领先了；那些最先拥有做新业务的公司的国家，就崛起了。

技术正在改变管理，用工业时代的管理思想和管理体系武装的队伍，是无法打赢智能时代的战争的。

基于贡献拉开差距，打破平衡形成张力

华为价值评价标准不要模糊化，坚持以奋斗者为本，多劳多得。你干得好了，多发钱，我们不让雷锋吃亏，雷锋也要是富裕的，这样人人才想当雷锋。

——《喜玛拉雅山的水为什么不能流入亚马孙河》(2014)

光是物质激励，就是雇佣军，雇佣军作战，有时候比正规军厉害得多。但是，如果没有使命感、责任感，没有这种精神驱使，这样的能力是短暂的，只有正规军有使命感和责

任感驱使可以长期作战。

——《任正非与中国地区部代表及主管座谈》(2017)

促进人才的流动，推进知识能力提升，基于贡献差异拉开差距，打破平衡，形成张力，多劳多得，获取分享制等，这些都是我们这几年耳熟能详的主题词。在执行公司的政策要求时不能僵化，比如在拉开差距方面，必须是基于真实贡献差距。如果团队成员之间的实际贡献差异没那么大，我们不能人为拉开激励差距，导致大家觉得不公平，反而伤害了团队战斗力。

究竟什么样的人可以被破格提拔？他需要产生明显超出平均水准的业绩。有位俄罗斯的数学家，前面几年研究所的同事们都搞不懂他在干什么，后来他一下子就把 2G 和 3G 的算法打通了，对无线提升盈利做出巨大贡献，像这样的数学家当然要破格提拔。

所以，我们一定是基于实际贡献差距来拉开回报差距，不能为拉开差距而拉开差距，那样会撕裂团队的合作文化。

核心价值观是对人性弱点逆向做功，激发正能量

华为核心价值观其实是针对人性的弱点逆向做功。

为什么讲以客户为中心？因为以自我为中心，以上级为中心，这些是人的本性，不需要教就会，所以我们才要强调以客户为中心。

为什么要讲以奋斗者为本？因为在一个组织里，主管做评价激励天然就容易以裙带关系为本，以论资排辈为本，这个不需要鼓励就会发生。你跟大家讲全力创造价值，大家都很赞同，因为

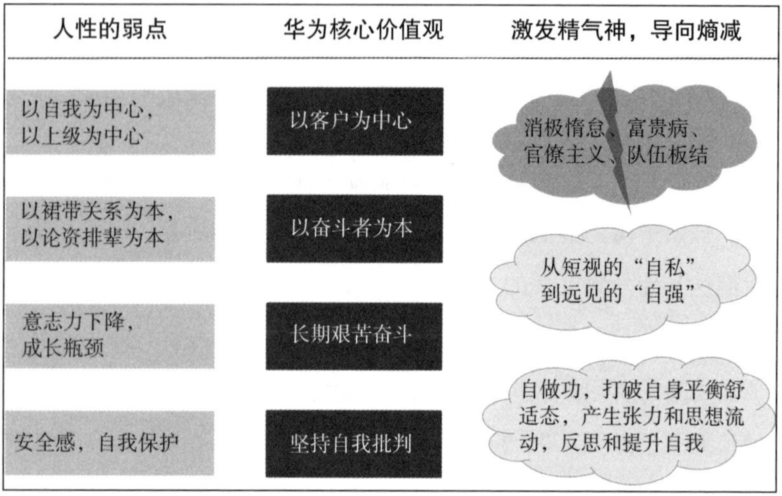

图 4　华为的核心价值观针对人性弱点逆向做功

全力创造价值肯定没错；一讲到科学评价价值，有些人心里就犯嘀咕了，为什么？科学评价价值，一定要以绩效贡献作为客观公正的评价标准，而不是因为谁和你是亲朋好友，谁和你是一个基层团队打出来的老兄弟，谁是上级领导派过来，你就给他好的评价。真正做到以价值贡献作为评判标准是很难的，以奋斗者为本是要克服人性弱点的。

为什么要讲长期艰苦奋斗？人的弱点是随着年龄增长意志力就会减弱，知识技能会逐步老化。我们讲思想上的艰苦奋斗，就是要终身学习，持续成长。

为什么要坚持自我批判？人的本性就是需要安全感，需要自我保护，不敢把自己真正的弱点暴露在别人面前、说给别人听，甚至把自己保护起来。

所以，推行核心价值观是为了克服人性的弱点，开展逆向做功，防止熵增现象发生，从而使我们鼓励的行为和自我价值贡献能够产生。当然人性是多面的，不全是消极的，也有很多积极的因素。

历史上出过很多人性假设理论，有性善说，性恶说，有消极的 X 理论，积极的 Y 理论，还有超 Y 理论的可塑说，众说纷纭，人性就是如此的复杂、多样、不确定。

其实把这些人性假设综合起来看，恰好是符合熵理论的，就是人性里同时存在熵增和熵减的力量，就看谁能够成为矛盾的主要方面，以决定这个人的主流。

华为的 HR（人力资源）理念是把主要管理资源用于激发和帮助优秀员工快速成长，以构建积极进取的场，带动整个队伍前进。

最后用图 5 做个小结：

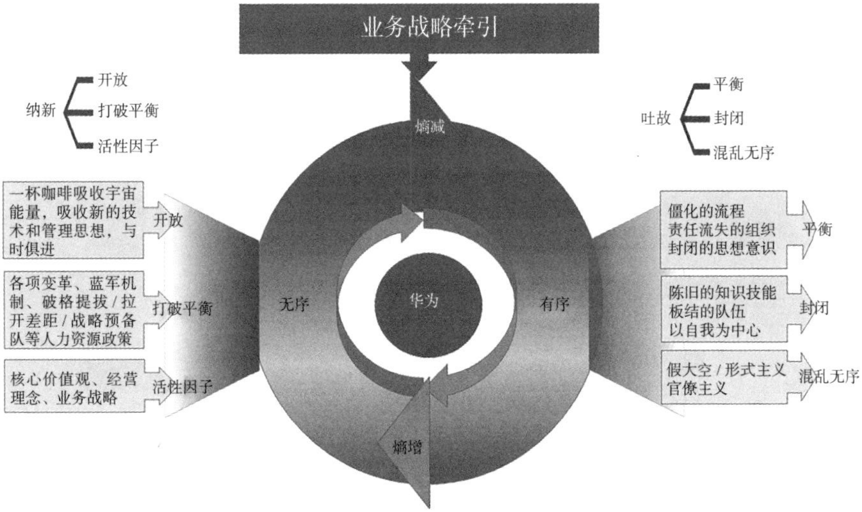

图 5　华为的熵减机制

整个华为公司就是遵循这样的熵减机制，希望通过建立耗散结构，通过战略牵引吐故，把旧的技能、旧的思想等冗余的组织吐掉；进而实现纳新：把新的开放、打破平衡和负熵因子引入进来，并以此从旧的无效走向新的有效。

结束语

被时代边缘化是历史必然，我们的态度是终生学习。技术的积累和发展持续加速，智能革命已经到来，对我们每个人而言，学习和创新能力决定了存在价值。

参考德勤发布的论述，人类文明的每一次进步，都发端于技术突破，通过个人传导到组织，再渗透改造整个传统社会，然后完成一次文明进阶。那些富有探索精神的人，成为掌握新技术的先进人群；那些拥有先进人群的组织，成为先进生产力的代表；那些运营先进生产力的社会引领着文明的发展。

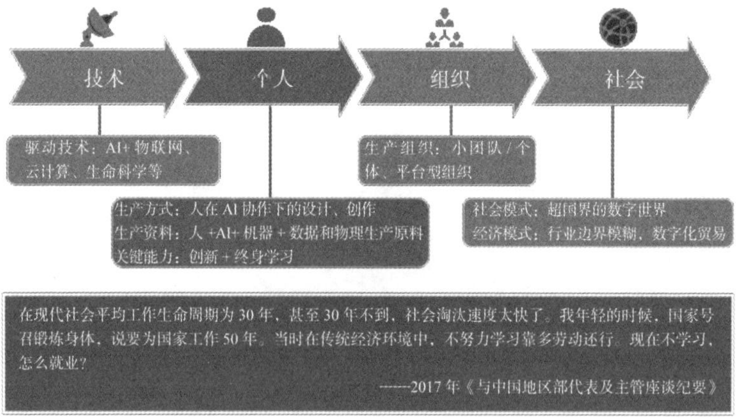

图 6　人类文明进步演进图

纵观文明路标历程，从狩猎文明到农业革命再到工业革命，人类似乎已经取得了长足的进步，今天的人类“可上九天揽月，可下五洋捉鳖”，在万年前的人类看来已经可以称神。但是，目前人类所取得的进步仍处于无机物范畴，虽然康波理论把工业革命以来的近300年细分为热力学、机械工程、电磁学、半导体等数个阶段，但基础理论仍然停留在对数学、物理、化学的初步认识上，未来10年会从信息技术发展到智能技术，这个“半智能技术”仍局限于机械逻辑思维，而非离散跳跃的创新思维。人类今天可以把宇宙飞船送上天，却还无法造出一个单细胞，这说明一个单细胞的计算量要超过一艘宇宙飞船。

让我们努力把眼光向未来延展，在智能时代之后，可能是生物时代、意识时代、灵魂时代……这种划分的假设基础，就是可以观察到的生物、意识、灵魂的解耦。

生物技术将整合智能技术的成果用于提升有机生命体的存在优势，从消除疾病，到永葆青春，到智力开发越级……人的存在将在寿命长度、视野宽度和思维深度等全方位提升晋级，人不可能被机器人打败。

意识技术研究可能要基于新的存在基础来开展，人类现在对意识的存在机理几乎一无所知，为什么把亿万细胞连在一起就能产生思想？但想想看，在1863年列文虎克用200倍的显微镜看见细菌之前，已经延续了多少万年的人类从来都不知道微生物的存在，否则多少伤病员、产妇将不会死于感染，只要医生洗洗手。我乐观预见，随着技术爆炸以几何级数飞速发展，不远的将来人类将掌握意识技术。

至于灵魂的存在更是超越物理生化载体的，目前人类对灵魂的认识还处于玄幻的浪漫主义状态，但是我们能够感受到灵魂的独立存在，特别是在那些洋溢着自由与创新的杰出人物身上。天体物理学家推论，暗物质占宇宙全部物质总质量的85%，但我们目前对暗物质还一无所知，那么暗物质是否可能是意识、灵魂的承载体？或者说弦论成为已知存在的统一体？进一步看，什么时候人类能够掌握维度技术（比如空间技术、时间技术）？所谓灵魂轮回是否就是在多维存在状态的跳跃转换？

这些想象似乎已经天马行空，但仍局限于人类目前存在可感知的范畴，属于“我们知道自己不知道”的。更前沿的是“我们不知道自己不知道”，人类的认知范畴本身还在随着文明进步而不断拓展。人类既往的进步，不就是从玄学—科幻—科学认知—技术突破这样一个逐步现实化的过程吗？

人类文明的探索才刚刚离港启程，前方是浩瀚无际的星辰大海。

为什么方向只能大致正确，而组织必须充满活力？

潘少钦

作为一个专家，我有机会参加了最近公司的上海战略会议。在会议的中段，任总提出公司发展的基本逻辑：方向要大致正确，组织必须充满活力，并要求把这段加入这次会议总结的主标题中。当时，与会的一些领导对这句话还是有些争议的，有的认为不能说方向大致正确，一是有些方向一定要绝对正确，比如以客户为中心；有的质疑讨论战略的时候，放入组织活力的课题是否合适。对此，任总做了两点澄清和解释，首先，这里的方向是指产业方向和技术方向，我们不可能完全看得准，做到大致准确就很了不起；其次，在方向大致准确的情况下，组织充满活力非常重要，是确保战略执行、走向成功的关键。

我觉得，任总的这个提法既具有哲学意味，也更有现实意义。

一个公司在自己的漫漫征途中，没有方向或者方向南辕北辙肯定是不行的。但时时要求方向绝对正确是完全不切实际的。我们都不是先知，无论是我们的生活，还是从事的事业，大部分时候我们都是以史为鉴，也就是用倒视镜来预测未来，怎么可能做到方向绝对正确？

一个公司做到方向大致正确，其实是件非常不容易的事情。王安因为不能看到 PC 机替代小型机的大致方向而倒闭，柯达因为不能看到数字技术对胶卷全面替代的大致方向而衰落，诺基亚手机王国因为不能看到 iPhone（苹果手机）代表的智能手机大致方向而轰然倒地，微软因为一直不能看清楚互联网和移动互联网的大致方向而苦苦挣扎，直到看到并抓住云计算的大致方向才重获新生。多少大公司倒在方向大致不正确的路上！

其实，人类的进化也是方向大致正确的结果。我们可能都看过人类从猿进化到直立人的图片。人类的进化一目了然，从爬行的猿猴开始，从左到右一个比一个站得直，一环扣一环地进化到现代直立人。

但其实人类的进化并不是如那张图所展示的有绝对正确的进化方向，地球的生命进化史上从来没有一个绝对完美的进化链条，从单细胞生命到多细胞生命，从水生动物到陆地动物，从卵生动物到哺乳动物，从猿到人，环环相扣。进化更像是一棵树上的树杈，不断地发散。即使我们仅仅从进化这棵大树上截取人类进化的一小丛树枝，上面也有枝枝杈杈，每一根小树枝，都代表了人类进化中的一个支系，但其中只有最长的那根树枝代表了现代人的进化过程。在已发现的化石中，可以探明人类进化的相关化石就有十五种之多，其中有些化石种类并不属于现代人类这一脉，是人类进化的旁支。所以进化并没有绝对正确的方向，只有大致正确的方向。在这个大致方向的指引下，哪个族群更能适应环境，更有内在活力，就更可能最终占领智慧生命的至高点，并封锁其他物种的攀登路径。

人类文明发展到现在，未来更是充满不确定性。

面向数字化社会、智能化社会，面向更不确定的未来，很多公司高管、企业管理学家都在反思以及重新评估战略的作用与价值。战略不是不重要，而是更重要。但是怎么看待战略本身，以及如何在不断调整中推动战略执行更为重要。

管理大师彼得·德鲁克是这样定义“决策”的：“决策是一种判断，是若干项方案中的选择。所谓选择，通常不是‘是’与‘非’间的选择，至多只是‘似是’与‘似非’中的选择。”

在 1978 年发表于《管理科学》（*Management Science*）的一篇有影响力的文章中，亨利·明茨伯格提出了“应急战略”（emergent strategy）这一概念，将其与“预定战略”（deliberate strategy）区分开来；在 1994 年大获成功的《战略规划的兴衰》（*The Rise and Fall of Strategic Planning*）一书中，明茨伯格向学术圈外的商界读者普及了这一概念。与预定战略不同，应急战略并非精心筹划的产物，而是体现了企业对市场环境变化的即时反应。

而《哈佛商业评论》在 2014 年刊登了罗杰·马丁（Roger L. Martin）的一篇文章《如果你对自己的战略很有把握，那它可能有漏洞！》，也同样引人深思。这篇文章有几个核心观点是非常有意思的：

- 真正的战略抉择必然包含恐惧和不安。
- 为制定真正的战略，领导者需要如履薄冰，如临深渊，做艰难抉择，甚至下赌注。制定战略的目标是增大成功概率，而非完全消除风险。

• 面对战略决策困局，出于避险本性，管理者往往依赖熟悉的工具，计算出企业发展方向。为提高市场份额或打入新市场，他们往往花数周甚至数月时间详细筹划，估算企业应对各项资产和能力投入多少，并测算长期成本和收入。这种战略制定方式非常糟糕。

公司在方向问题上不能保证完全正确，最多只能大致正确，甚至有的阶段还会出现偏差，但我们还要夺取战略胜利，在这个过程中，组织充满活力就分外关键。任总前一段和我们思想研究院对话时说，做事业就像舞龙，龙头要抬起来，这就是方向，大致要正确，更重要的是随后龙身子要舞动起来，要有力，整个龙才能舞起来、活起来，说的就是这个道理。

有这么一句话：战术有千百条，头一条就是肯打，离开了肯打，其他的全是白扯。理论玩得非常漂亮，天花乱坠，离开了肯打，一切皆空。成功最大的敌人，不是没有机会，而是没有立刻行动。对于一个容易犯官僚主义问题的大公司来说，立刻行动、肯打、能打就意味着组织活力。

阿里巴巴集团 CEO 张勇在阿里巴巴旗下的湖畔大学讲课时坦言："大部分今天看来成功的所谓战略决策，常常伴随着偶然的被动选择，只不过是决策者、执行者的奋勇向前罢了。""其实回头来看，我们很多正确的选择都是偶然做出来的。""战略是打出来的，已经总结出来的战略基本跟你没关系。"

华为的发展过程何尝不是如此?

华为当年在固网获得成功后，下一跳的关键是无线领域。但是在无线领域，华为碰到了巨大的困难，甚至差点就熬不过来，差点就砍掉了。我们当时只有固网的研发能力，没有想到无线的技术门槛那么高，很多关键技术问题迟迟解决不了；我们只有固网的市场眼界，不知道无线不能插花，只能是整网建设；我们更只有国内固网的战略视野，不知道无比巨大的全球无线大世界在等着我们。可以说，在相当长时间内，华为的无线是在方向大致正确与大致不正确之间摇摆，之所以最后能走出困境，比同样煎熬的摩托罗拉、阿朗、北电最后多口气，除了公司不上市、不贪婪、更能熬之外，最核心的还是华为的团队有持久战斗力，不怕困难，永远充满激情。

回过头来想，如果华为不能在无线上熬过去，我们现在就是一家奄奄一息的固网公司。不会有现在的“圣无线”，更不会有什么“神终端”，当然，现在大家在心声社区上连斥责华为云计算如何如何、AI 如何如何的机会都没有。

华为手机业务发展历史也是如此。回想华为手机业务发展的过程，犯了不少错误，走了不少弯路，IDEOS、Ascend 品牌投了不少钱。

估计快没有人记得了。原来手机业务预想中的主打是 D、P 系列，Mate 只是尝试性的细分市场产品，结果 Mate 7 大获成功后，Mate 持续成为华为明星产品，D 系列不见踪影了。回过头看这几年消费者 BG（华为的一个业务集团）的战略规划，我估计至少每年的规划有四分之一是不到一年就基本失效了，两年下来，可能一半就失效了。但华为手机怎么就成功了呢？我认为，首先关键是大致方向正确，华为手机在关注客户体验、核心技术、质量、往高端品牌发展、拓展全球市场、端云协同、按消费品规律运作等方面，一直没有变；其次是整个团队在充满活力和张力，甚至略显鲁莽的老余（余承东）的带领下，能踏踏实实打好每一场仗。老余曾经当过一段时间我的领导，他的领导风格和其他人很不一样，刚来的时候，经常用孔子的名言“取乎其上，得乎其中；取乎其中，得乎其下；取乎其下，则无所得矣”鼓励我们，让我们瞄准卓越的目标，努力下来，至少能取得中等的成果。我理解，这种“取乎其上”就是大致正确的方向。后来，毫无疑问，华为消费者业务也是这样被要求的，也是这样做的。

我来公司 20 多年了，从事战略规划岗位也 10 多年了。我有个感慨，战略有的时候也神奇，就是一个偶遇接一个偶遇。华为不是处处都正确，而是经常犯错误，iNet（华为的一种内部产品）、IP DSLAM（一种基于互联网协议的铜线宽带接入设备）出错，无线出错，PHS（小灵通，一种源自日本的无线通信制式）和 CDMA（码分多址无线接入，是一种源自美国的无线通信制式，在中国由中国电信运营）绕过弯子，印度市场摔过大跟头，欧洲市场登陆战差点被人赶下海，美国市场错失机会。我们有的时候战略正确，有的时候大致正确，有的时候甚至大致不正确，战略对的时候我们能加快发展，不太对的时候能及时调整。华为总体上靠的是快，学得快、做得快、改得快，快的后面是勤奋，勤奋后面就是组织活力，上上下下的组织活力。任总为什么在公司这么多年特别推崇“熵减”的管理哲学，因为熵减的核心价值就是激活组织和组织中的人。

因此，我认为，在更加不确定的未来面前，“方向要大致正确，组织必须充满活力”这句话是非常具有现实指导意义的。

那么什么是“组织充满活力”？组织充满活力，从字面上，从前后逻辑关系上，很容易理解为方向大致正确后，下面干活的团队充满活力，在给定的方向上嗷嗷叫地往前冲。也就是领导负责方向大致正确，下面干活的负责组织充满活力。多么清晰、完美的分工！但我认为这里有很大的误区。我理解的这种充满活力，是整个组织上上下下的充满活力，特别是决策团队的充满活力。

为什么我特别提出决策团队的充满活力？就是因为不确定的未来对战略制定的挑战越来越大，做到大致正确相当不容易，决策执行需要充满活力，决策制定、决策落实、决策调整更需要充满活力，用决策层的开放、努力、敢于自我批判、亲力亲为来弥补可能的战略能力缺失。

毋庸讳言，华为在成为一个大公司后，大公司该有的毛病，比如机构冗余、层层汇报、权力分散、决策缓慢、部门墙厚重等，都在发生。我认为，其中决策组织缺乏活力，缺乏效率，缺乏最后的担当，也缺乏弹性，是相当大的问题，尤其是在面向一些战略性的领域时，比如云，比如平安城市，比如 AI。

有位曾经在摩托罗拉工作多年的高管，后加入华为（现已离职），历经摩托罗拉的官僚体制折磨，同样也感受到华为的官僚主义。在华为工作多年后，他曾经很悲哀地说过，看来，在大公司只能通过摔跤（摔跟头）来学习，什么人都推不动，只有摔了跟头、摔痛了才能学习，才能有所改变。

因为当前面临更不确定的未来，很多关键性的业务决策难度事实上大大增加了，公司决策层在相当多的时候变得更为谨慎，这种谨慎就转换为对下面业务汇报部门的地狱式煎熬，评审、评审、再评审，比如：做没做过市场调查？做没做过客户访谈？有没有做过友商分析？何以证明你这个逻辑是符合商业本质的？对一个东西的商业本质是有很多认识的，何以证明你的认识就高人一筹？何以证明你的价值是超预期的？何以证明你的预设就是正确的？你的收入、利润、现金流预测是什么？为什么能做到？为什么这些不是创造的数字呢？你怎么保证出现偏差之后进行调整？等等等等，汇报一次接一次，一个委员会接一个委员会汇报，下面PPT做了无数版本，做PPT的人死了无数脑细胞。

其实，我们都知道，在当今复杂的形势下，战略规划无法消除风险，最多只能提高成功概率。若想勇敢做出战略抉择，管理者必须首先接受这一事实。这种关键业务领域的拓展，其实和创业非常像，再有能力的创业者也无法在出发之前就想清楚所有的事情，即便是已经想清楚，一旦开始做也会发生很多变化，绝大多数公司成功时的方向和最初设想的产品都大相径庭。创业者需要在前进的过程中根据市场的情况以及消费者的反应，甚至是竞争对手的动态来随机应变。这种应变就是一种重要的组织活力，而我们正在日益丧失这种宝贵的活力。

什么是决策组织？我理解的，决策组织不是评审组织，而是负责最终胜利的主官组织，目的是获取最后的胜利，打仗只是过程，PPT评审只是手段，在关键战略领域决策者不能仅是评审者的角色，不能只是怀疑和挑战，一定要把自己当成项目组的一员，深入理解业务，主动学习，少说 No（不），而是一起研究怎么能做到 Yes（是）；在一个阶段决策完成后，要积极帮助配置资源，确定政策，鼓励冲锋，做好分配，激励士气，因为这些都是战略领域胜利的关键，决策层不参与，往往下面动作就变形了；在出现新变化后，决策者主动积极复盘，一起调整战略和策略。这就好像一个精英小团队，主官是领导，也是打仗的主力，撸起袖子亲力亲为，是首当其冲的决策执行者，这样带着团队往前奔，才能完成艰巨的挑战任务。

最后，我想用克劳塞维茨一句名言结束我长长的文章："面对战争中的不可预见性，优秀指挥员必备两大要素，这两大要素在和平时期一个也看不出来，但在战争时期绝对管用。第一，即便在最黑暗的时刻也具有能够发现一线微光的慧眼。第二，敢于跟随这一线微光前进的勇气。"就我理解的，对于优秀指挥员个人，前者是智慧，后者是勇气；但对于组织来说，前者是大致方向要正确，后者就是组织要充满活力。

第二部分

业务实践篇

走向数字化智能化的 GTS 实践之路

万学军　赵赐　唐震

【编者按】如何为运营商持续提供更高效和低成本的优质服务，是华为 GTS（全球技术服务部）部门生存和发展面临的挑战。过去几年的 GTS 业务变革给人留下深刻印象，近三年业务交付量翻番，但 2017 年 GTS 人员总数回落到了 2014 年的水平，GTS 的效率却有了显著提升。这背后都发生了怎样的变化？

或许，镜头要先退回到多年前，我们跳出华为来看整个 ICT 服务产业的变迁。20 世纪 90 年代 IBM 成功的科技服务转型成为行业典范。进入 21 世纪后，惠普、戴尔、爱立信、诺基亚等在产品技术增长乏力后都经历过向 ICT 服务产业转型的战略阶段。然而 ICT 服务产业有着自己的历史宿命和模式诅咒，即用固定的“人头”看守固定的“山头”，人员规模随业务规模线性增长，打开更多的市场就需要更多的“人头”。如果不能打破这种模式诅咒，一旦产业的暴利时代结束，ICT 服务业务终将沦为“人头”和“山头”绑定的封闭系统，变成“螺蛳壳里做道场”。

IBM、惠普、爱立信、诺基亚已经在 ICT 服务业务上陷入窘境。华为 GTS 何去何从？挑战从来都是进化的契机。ICT 产业是建立在摩尔定律的基础上的，ICT 服务同样需要跟上摩尔定律的发展速度，主动降低服务成本才能符合客户和华为发展的利益。建立数字化和智能化平台，是各行各业搭上摩尔定律指数增长快车的进化手段。

过去一些年，华为 GTS 通过组织变革、数字化智能化平台变革，正在让僵硬的组织变灵活，把核心能力构筑到平台上，争取实现服务能力低成本大规模复制。通过这样的进化，GTS 过去一些年逐步打破用固定“人头”看守固定“山头”的模式，打破交付业务人员随业务量线性增长的相关性，从而破解了 ICT 服务产业发展模式的诅咒。

数字化平台的建立，不仅是件自上而下的事情，也需要自下而上的互动式迭代创新。由于各区域、各客户的能力、习惯和业务各不相同，平台化工具要和当地业务、客户、合作伙伴不断适配优化，由一线创造出一颗颗珍珠，平台再把这些珍珠打磨抛光，串成各种珍珠链组合，放到实际业务中不断使用，再打磨、再组合。

这是一个持续进化的过程，进化中有痛苦，也有喜悦。这篇文章，正是记录了 GTS 进化过程中点点滴滴的酸甜苦辣。

GTS 的海量项目交付，从早期的“百团大战”，发展到建设工具平台，通过数字化转型战略不断提高交付效率和质量。近几年，不少区域尝试交付模式转变，涌现基于 ISDP（集成交付作业平台)、OWS(云化运维 Web 服务)等平台工具的二次开发、二次消费，借助数字化智能化工具创造性地发展出了“一个缩短(客户连接)，三个打破(管理边界、国家边界、项目边界)”的新模式，通过改变流程、改变组织、改变人员的技能结构，尝试交付模式转型升级。

服务平台化，优先搞定客户连接的数字化

陶沛彬回忆说，原来英国 VDF(沃达丰)交付时，不断接到客户区域总监的邮件，投诉华为提交的报价单质量低，导致未来 4 周计划交付的站点中 70% 仍然缺失设备或土建 PO(采购订单)，站点配置变更后的最新报价单没有及时提交客户，客户停止 PO 验收等。

问题根源在于客户与华为在信息、流程和系统上无法充分对接，大家手上都各自有一本交易信息的账，但信息无法对齐。大量时间耗费在和客户扯皮是谁的问题、谁要去解决上，和客户产生各种摩擦，致使 VDF 交付高峰期经常火星四溅，特别是交付一旦上量，交易流问题更加陷入恶性循环。

与客户深度对接流程和优化规则，打造自动化和信息化交易流，是解决问题的根本之道，但也是最难啃的硬骨头。

虽然西欧客户在 IT 系统应用和流程管理上普遍都比较成熟，但如何打破现有作业模式，重组流程与规则，无论是 VDF 客户侧还是华为内部侧都有不少的阻力。因为这涉及现有流程、IT 的优化，特别是双方大批员工工作模式和作业习惯的改变。

机关 IT 开发团队也反复和项目经理确认方案的可行性，如果系统开发出来但客户拒绝部署，机关的 IT 投入就统统“打水漂”了。这就成了先有鸡还是先有蛋的问题，没试用过，怎么知道客户会不会接受？没有客户承诺，机关为什么支持我们进行大规模 IT 开发投入？内外都是“鸭梨山大”啊。兵不厌诈，客户不能忽悠，就“忽悠”公司吧，项目经理对机关 IT 团队承诺了一个上线时间，稳定好“军心”。于是，过了一段时间机关 IT 团队做出了演示版，然后项目经理在客户界面自上而下积极推进，一个模块一个模块地搞定客户管理层。“Penny, let’s work on this”，这是陶沛彬在一次 POR（采购评审）平台客户演示会中听到的最让他感动的一句话。管理层客户打通后，城墙的口子就撕开了，剩下的问题就是向前冲锋。2017 年下半年，VDF 项目终于完成了与客户流程深度在线对接和内部交易流自动化，实现了从站点方案设计到 MR/PR（物料需求 / 采购需求）的客户协同、在线和自动化；对客户需求的响应速度从 5 周减少到 1 周，客户验收周期缩短 71%，出现大幅下降，从而有效降低了成本。同时通过 IT 的对接，华为打通了与客户的信息流，加强了与客户的连接。

OWS 助力业务数字化，帮助分包商提升运维效率

南非地处南半球，有“彩虹之国”之美誉，位于非洲大陆的最南端，陆地面积为 122 万平方公里；站点稀疏，分布不均匀，非核心城区平均覆盖度为 1200 KM^2/ 站。分包商技能差，技术人

才短缺，BEE 政策[①]严格保护劳工权益。如何应用 OWS 降低对员工技能的依赖、提高效率，成为摆在我们面前的一大难题。

据南非祝杰回忆，在与分包商的前期会议中，我们向其传达了运维作业和管理的变革政策。然而分包商却像是炸开锅一样，抵触情绪强烈，他们认为维护工程师整日忙碌，奔波于现场，效率也在每年逐步提升，当前业务模式没有发现有什么大问题，没有必要变革。分包商积极性不高，变革也停滞不前。

为了走出这一困境，MS（管理服务）业务改良负责人冉海东把分包商管理人员叫到办公室来，对他们说："今天我们不开会，我们一起去上站，做一天维护的 FME（现场维护工程师），让你们感受一下你们的 FME 到底是如何工作的！"我们把准备好的个人防护用品发给大家，一行人跟着 FME 来到了站点。12 月是中国的严冬，却是南非的酷暑，33℃高温的炙烤，站点设备的铁皮铁瓦变成了烫手的山芋。头盔像蒸笼盖一样，让原本高温的天气，更添一份闷热。就这样，我们一连三天，早出晚归，在帽檐与烈日的互动之下，额头与脸部成功实现黑白分界。

分包商老板们之前也不熟悉自己的 FME 到底是怎么工作的。由于缺乏工具，他们的管理手段也非常被动和简单，经常是有了问题就通过招聘增加人力解决。

项目组这几天带领他们对现场 FME 工作进行体验，而后利用 OWS 对工单进行了大数据分析，让他们清楚地认识到当前运维存在的问题（无效工序多、资源闲置高、维护效率低等）。接着，项

① BEE 政策，Black Economic Empowerment，即"黑人经济振兴"政策。

目组又详细介绍了 OWS 系统、融合交付模式等，他们被集成全球生态实践的作业标准化、工单标准化、技能标准化功能所震撼，对华为的云化工具赞不绝口，纷纷感叹时代变了，必须转换思想、改变理念，对变革工作也从被动地抗拒变为主动接受和主动配合，一周内项目组立刻启动分包商标准化培训，开展了融合交付。

按照新模式运营一个月后，CJA 分包商老板反馈：我们使用 OWS 工具，方便了管理，现场工程师工作可视，减少了无效工单。项目经理崔鸿说，OWS 将业务流、维护资源和维护对象从线下迁移到线上，实现了业务端到端可视可管。通过站点故障率分布分析，动态精准配置 FME，FME 维护效率提升了 55%。并且所有的能力都建立在平台上，加强了分包商与华为的黏性，降低了对人员技能的要求，市场上有更丰富的资源供他们选择。交付模式改变后，项目组成本已累计节省了约 325 万美元，并且分包商和华为的关系更加紧密，相互更加理解，真正实现了双赢。

“三个打破，两岸三中心”，实现交付模式转变

北非交付李世闯介绍：“北非区域内，艰苦国家多，13 个代表处、29 个国家和 96 个运营商，业务差异大，存在产业链不完善、点多量散、人多专家少、人员流动大、中方成本持续上升等 10 大痛点和挑战。比如，一个小小的多国办事处贝宁，NTD（网络技术支持部）只有几个正式员工，却要面临多个无线网、核心网、传输等项目交付，全靠地区部现场支持，成本高居不下。为了活下来，我们只能打破传统的交付模式，打破项目管理边界，打破

国家边界，打破供应商边界，开创新的交付模式。”

大家通过讨论，决定从远程交付开始，尝试提升项目运作效率。借助于ISDP/OWS，利用成本低洼地开罗，构建了RSC（远程交付中心），并选取摩洛哥、苏丹一大一小代表处试点，开展远程设计、调测和验收等。苏丹的客户一开始并不相信华为的ISDP，但是我们一线的质量经理始终不放弃，把客户带到华为的ROC办公室，随机选择了正在施工的站点，点开图片，里面非常清晰地显示了安装的质量。眼见为实，客户非常满意，立即同意了开始远程验收。我们实现了50%的DU（阿联酋综合运营商）的远程验收，覆盖了79%的大T子网客户，大幅缩短了建站、验收周期。同时，我们的QC/SE（质量控制／服务工程师）人员数量也得以缩减。

远程交付中心的成功，进一步激发了北非领导和专家的创造力。北非交付VP（副总裁）王建晖介绍说：“原来每一个项目都有8大员，人员复用不好，通过建立OCC（集中运营中心），一个PCM（计划控制经理）、TD（项目技术总负责）可以同时管理多个项目，项目管理从分散转变为集中，项目8大员变成了3大员、2大员。集中式管理，项目管理水平也大有提高。”

随着COC（作战指挥中心）和RSC的运作，问题变成如何进一步提升效能，变革进入了深水区。由于不同项目由不同分包商负责，一个区域或一个站点每天都有不同分包商工程师上站，甲员工为了换一块单板跑一趟，乙员工为了加油又上一趟站；管理服务维护工程师的工作量时高时低，有时有50%的时间空闲。专家们提出：能否参考滴滴打车的模式，建立一个新的交付模式，实现跨项目、跨供应商的交付？

经过几个周末的反复论证和系统开发调试，2017 年 7 月，一个 FSC（现场融合交付中心）上线了！系统自动把各个交付活动切片，小于 2.5 小时的活动变成工单，放到移动 App（应用软件）上，让在站点附近有空闲的工程师进行抢单，并辅助以分成激励措施。很快，一线工程师发现了 FSC 的好处，热情高涨，纷纷刷单抢单，北非的融合工单量从每天几十单上升到几百单，2018 年每月已突破万单。现场融合交付，不但打破了项目之间、供应商之间的边界，人员的复用效率成倍提升，每天还省下了很多的路程时间，让工程师、分包商、华为三方实现双赢。

为支撑远程交付运作，提升远程交付质量和效率，GSC（全球服务中心）建立远程交付的“数字化产线”，借鉴业界生产管理的 5M（人、机、料、法、环）方法，选取 RF（射频）领域的“话统 KPI 优化—掉话类”进行产线的开发和试制，设计了产线规划五步法，开发了 8 类机器人，解决工具断点问题，最大程度地实现工序间自动化。经过 RF 试制产线小批量应用，网络 KPI 优化的主力场景 UMTS（通用移动通信系统）掉话率，1 个 Cluster（集群）交付作业周期可缩短 2 天，成本降低 15% 左右。

在这一年时间里，和北非“三个打破，两岸三中心”交付转型一样，每一天都有类似的故事在全球各地上演：南非的数字化 War-room（作战室）和全员工单、东南亚的九大自动化、西欧的大颗粒远程交付、南太的 RCC（远程国家控制中心）集中等，跟“三个打破”一样，也是一个个熵减的过程。

交付数字化智能化，走向服务 2.0

互联网的风起云涌，云化、智能化的兴起，导致 OTT[①] 跨界进攻，运营商 ICT 业务承受着越来越高的生存压力。然而，设备遵从摩尔定律每 18 个月容量翻番，意味着同样的收入，交付的设备量要翻番，成本翻番；人口老龄化、通货膨胀导致各国的人力成本每年都产生 5%~10% 的提升。初步测算，如果 GTS 效率不提升，交付成本每年自然增长就要 10% 以上。

为面对这一个阶段的挑战，公司要求 GTS 要率先尝试引入人工智能技术，打破旧的交付模式，大幅提升交付效率和质量。

2017 年 GTS 成立了人工智能专项项目组，在 2012 实验及产品线的大力支持下，针对 GTS 海量重复性的活动进行了人工智能应用实践，在站点作业免现场勘测、基站智能设计和脚本自动化、质量在线智能审核、网规网优智能分析、维护网上问题智能分析等方面进行尝试，虽过程坎坷，但也取得了不错的进展。

阿什利是一个非常有创新想法的马来西亚本地员工，曾在美国学习“数据科学”近 1 年，也在通信行业摸爬滚打了 7 年。无线网络小区级精准流量和扩容预测一直是通信业界的难题，面对业务诉求和客户痛点，阿什利经过思考和多次尝试，基于网络历史数据，结合多种算法建模（多元线性回归模型、主成分分析、神经网络算法等），创新性地设计和开发了小区级 PRB（物理资源块）和流量预测模型，能相对比较准确地预测网络未来 6 个月小区的

---

① OTT，“Over The Top”的缩写，指通过互联网向用户提供各种应用服务。

流量和 PRB。客户 CTO（首席技术官）非常认可该模型，并要求纳入客户的规划流程，利用此技术，新增跟扩容预算 30%。

这一课题不仅华为，就连爱立信、NSN（诺基亚西门子通信公司）等友商目前也都没有解决方案，它是一个行业难点，阿什利却成功突破。代表处和地区部总裁对其高度认可，对阿什利通报表扬，并专门成立了一个工具开发团队。

尹辉是拉丁美洲勘测设计部的年轻工程师，曾经在烈日和寒风中攀爬过无数个铁塔和基站，也曾熬夜在电脑前画过无数图纸，更曾为一个高度、方向角数据反复上站测量。

为了解决这个困扰自己和无数勘测工程师的问题，尹辉把无人飞机、3D（立体）扫描、BIM（建筑信息模型）建模等智能技术和理念引入到自身业务中，开发了“基于 Sketch Up（一款设计工具）的 3D 模型化站点信息库建设方案”。利用无人飞机、3D 扫描设备等工具拍摄的照片，通过基础矢量 3D 模型来“组装”整个站点，同时关联相应的结构化数据和图片，可完整、直观、准确地展现全部站点信息。方案采用化整为零、化繁为简的思路，可适用于全球不同场景下的站点还原，效率相比传统的 AutoCAD Revit（一款模型软件）工具提升 3 倍以上，成本只有其 1 / 3 。

尹辉的方案已经在拉美、南太等多个地区部推广使用，项目中站点设计时间减少 50%，成本约为传统方式的 25%。尹辉成为 2018 年第一季度的 JAM 金宝贝获得者，获得全球员工投票共 6738 分的高度认可。

张学明是中国区一名有测绘专业背景的网络优化工程师，有 18 年的一线交付和开发经验。针对中国区超过 100 万基站的存量网络场景，经常通过大量的路面测试来发现天线接反导致的交付成本高、效率低的问题，他借鉴了手写数字识别的分类思路，引入了卷积神经网络算法，利用 GENEXCloud 平台存储的大量无线测量数据，通过业务建模，生成了 2 万张带标签（接反或者没有接反）的图片，经过模型训练和评估生成天线接反模型库。

利用张学明生成的模型库和现网的测量数据，我们半个小时可完成 1 万个基站的小区接反识别，识别准确率达到 95%；目前已完成山西、贵州、四川、江苏等 7 个省份 5 万个基站交付。

为了调动民间智慧，加快变革，GTS 创建了 GTS JAM、智囊论坛。JAM 定位于“一线优秀实践分享集市”，目前已经有 300 多个应用和实践上线，有 140 多个被交付工具和开发方案收编，并广泛使用。智囊论坛以“各抒已见、集思广益、思想碰撞”为宗旨，上线半年来，近 2000 名专家提出 1800 多条管理与业务优化建议，大家积极分享思想及成功实践。创新、分享文化已经在交付与服务中萌芽。

结语

蓦然回首，GTS 过去 10 年走过了标准化的规模交付之路；登高望远，改变流程、改变组织、改变人员结构，GTS 依托标准化成果正走在数字化转型的道路上；仰望星空，数字化和智能化是 GTS 的未来之路。

熵减之流程、质量与运营

唐心红

【编者按】在熵减问题上，流程可谓华为心声论坛上被吐槽最多的“爆款”。但客观评价，可以说熵增也流程，熵减也流程。公司过去的成功，源于流程带来的有序化。公司僵化，业务和创新受限于流程，也是现实。流程变革，是一个去伪存真的过程，是一个极简化的过程。流程能否真的实现去伪存真和极简化，某种程度上却依赖于公司制度和文化的变革，流程毕竟只是制度和文化的落地。

一、回不去的研发速度?

老一辈华为人会感叹当年一个人可以同时开发 5 块单板，十几个人可以半年做出一款新产品，而现在立项一个新版本，动辄上百人，耗时超一载。也有人常常拿互联网的随时上线新版本来诟病华为 IPD 流程的厚重。讨论这个问题，我认为有必要回顾一下公司开发的历史变迁。

看早期。公司创业之初，第一重要的是创新速度，流程相对而言没有那么重要。而且，还没有优秀实践，哪来的流程？小团队扁平沟通，团队具有极强的自学习、自优化和自愈能力，一定程度上弥补了没有流程指引的问题。反而，没有流程的“约束”，没有网上存量包袱，新产品开发和上市速度的确可以很快。记得那个时候，文档都可以不写，因为从设计、开发、测试到开局，代码包干到户，一个大牛人就全搞定，根本不用写，全在脑子里面。那是“个人英雄主义”的时代。看上去充满活力，内部实则混乱无序，半夜被叫到公司定位问题出补丁是家常便饭。

看中期。公司产品多样化，同一个产品有了网上存量版本、开发版本、新立项版本，多条线作战，团队规模普遍突破了 150 人，逼近个人沟通范围的上限，团队里很多人互相都不认识，直接靠个人沟通已经无法解决问题。这个时候，流程与质量管理体系开始彰显其价值。1999 年，公司引入 IPD/CMM（能力成熟度模型），将西方成熟的流程和工程方法与自身积累的优秀实践相结合，通过 10 多年的僵化、固化、优化，不断循环迭代。在这个过程中，华为产品研发逐步完成了从游击队模式向正规军模式的转变，虽然新产品上市时间变长了，但上市之后的质量稳定周期却大幅缩短。

看当前。公司从原来以运营商业务为主，发展到了企业业务、消费者业务。看内部，产品开发从原来以 CT 硬件、嵌入式软件为主，扩展到了 IT 硬件、芯片、终端、类终端、独立软件、云化软件、服务、云服务、商业解决方案、行业解决方案等多种产品形态；看外部，运营商客户比以往任何时候都迷茫，企业客户在数字化转型的大潮中也举棋不定，需求常常变化。在这个大背景下，IPD 流程与质量管理体系渐进式迭代优化的模式，已经越来越制约新业务的发展，产生熵增。总体来看，对于硬件、嵌入式软件类传统业务，持续优化即可，但对于云化、云服务、解决方案等新业务，需要对基层业务团队大幅授权和松绑，让子弹飞一会，在摸爬滚打、大胆实践的探索过程中逐步提炼总结适合新业务的流程与质量管理体系。

二、大禹治水，疏而导之

流程与质量管理体系应能适应和匹配业务发展的需要，让业务流像中原之水一样“有约束、无障碍”地日夜流淌，滚滚向前，顺利汇入东海。好的流程与质量管理体系，可以驱动组织持续熵减，僵化地运用则会导致组织熵增。

与时俱进的流程才能让价值创造过程实现从无序到有序

流程建设就是业务运作有序化的过程。华为引入 IPD 前，面临着投资组合多样化、业务复杂度增加、决策流程不健全、研发流程不规范、技术驱动不能对准客户等诸多问题，产品开发过程呈现出多维度的无序状态。公司适时地引入业界最佳实践 IPD 流程，关注商业结果，实现了商业成功。

流程的核心价值是对业界、基层作战团队优秀实践的引入和总结，然后通过流程固化后进行批量复制推广，逐步完善的流程使得价值创造过程向更有序的方向发展。例如我们在软件开发过程中引入业界优秀实践 One Track（一个开发主干），开展流程变革，解决了同一产品同时向多个客户发布，并行开发分支多、工作重复浪费、多线作战、项目管理混乱无序的问题。

实施 One Track 前，产品团队往往针对一个大 T 就出一个版本，类似的功能和缺陷，要在 5~8 个不同版本上重复修正和测试验证，研发资源被严重消耗。以 A 产品线的某个版本为例，一度仅问题单就有超过 5000 个要同步，工作量大于 200 人月，占版本总工作量的 25%，这极大地消耗了研发资源。我们在 2009 年全面启动了 One Track 流程变革，通过 8 年的努力，目前研发主力产品已基本实现将所有版本开发集中到一个主干上，通过架构解耦，将面向不同客户的特性用开关加以区隔，分别管理，对分支版本适时收编，极大减少了研发的同时开发和维护的版本数，减少了研发资源的重复浪费，大幅提升了研发效率。

IPD 流程是业界和华为优秀实践的提炼与总结，但业务是不断变化的，流程管理体系如果一成不变，就会反过来制约和阻碍业务的发展，从而导致熵增。流程建设，必须与时俱进。

质量管理体系要持续对准不断变化的客户要求

质量就是满足客户要求。质量管理体系是以外部客户要求为驱动的开放系统。从 20 世纪 50 年代的大型机到现在的云计算，技术在发展，客户的要求一直在变化，全面质量管理、持续改进和精益运营、CMM、敏捷以及 DevOps（运营驱动开发）等质量管理方法论和理念也在发展，我们的质量管理体系也随之发展，核心是对准不断演进的客户要求，驱动构建开放的组织。人们对产品的质量从注重产品的可靠性、安全性、可维护性和经济性等，发展为体验为先和实时反馈，根据这一点，我们从而开发出更能满足客户需求的产品。

为了进一步打开天窗，IPD 引入了商业级敏捷的开发模式，将战略客户卷入开发过程，产品团队从串行交接棒模式，变成并行协同模式，使业务流程和组织更加开放。质量管理体系需要不断地从外界吸取负熵流，客户满意度管理是吸收外部客户能量的关键机制。如无线 O&M 改进项目，一直是客户比较关注的话题，项目组与德国 DT 公司、VDF、Telus（加拿大运营商）、Bell（加拿大最大的电信服务公司）等客户做了很多探索性的改进。针对无线基站配置复杂，耗费了运维人员大量维护精力的痛点，经过和客户的结对改进，华为各种无线设备持续优化，实现不再需要进行配置，真正即插即用，效率提升了 80%。

质量管理体系的新特点是将主动快速获取客户反馈和合作伙伴管理融入到了质量要素中，使我们的质量管理体系更加开放，让客户和合作伙伴参与进来，从而驱动组织更快地识别和改进差距。客观地讲，在开放合作的过程中，我们遭遇了公司内部文化与外部文化的冲突。公司强大了，容易自我膨胀。在与生态伙伴的流程与质量协同上，应该更加谦虚与开放一些，不能处处以华为利益最大化为目标，这样才能实现双赢，才能最终帮助客户成功。

持续运营改进，确保组织高效

行业环境不断变化，客户需求不断变化，商业模式不断变化，华为的价值不断变化，流程与质量管理体系需要适应这些变化，持续优化，优化的手段是需要持续运营，在运营中找到差距，不断改进。华为正在探索质量的数字化运营作战模式，运用大数据和人工智能技术的发展，以更好更快地端对端改进产品质量。

在流程持续改进方面，从 IPD 1.0 到 7.0，我们不断吸收业界产品开发领先思想、QMS（质量管理体系）等，一次又一次地变革，引入创新管理，实现与供应、销售、服务、市场等领域的集成，TPM（变革进展指标）达到 3.5 分。IPD8.0 则要在全面云化及数字化转型的大背景下，从决策流、开发模式以及组织运作上做出改变以应对新的挑战。华为的 IPD 是持续优化生长、不断适应变化的过程，最终以规则的确定来应对结果的不确定，流程变革和持续优化使得 IPD 管理体系不断进步，奠定了华为成为一家全球化公司的根基。

在质量管理上，华为公司产品体系从十年前仅一个主力产品一年就有四五十起质量事故，到现在整个产品体系几百个产品全年全球一共一百多起事故。随着云化产品和云服务模式的兴起，质量管理体系如何适应更加快速灵活的交付方式，同时保持华为高质量和高可靠的产品基因，平衡“结果管理”和“过程管理”，对此我们需要持续思考和运营。

华为正在探索质量的数字化运营作战模式，运用大数据和人工智能技术的发展，以更好更快的端对端的方式改进产品质量，例如：一块单板的生命周期会经历从供应商生产器件、来料检验、加工到交付给客户网络的全过程，通过各流程 IT 系统的数据对接和打通，质量大数据运营系统会定期在海量的数据中通过失效模式动态识别共性缺陷加以预警，从而更好地提前发现客户网络问题以及更精准地驱动单板和网上质量改进。后续通过质量的数字化运营，实现产品全生命周期的实时质量可视和预警。质量管理需要更多地关注结果，在过程管理上加大授权，同时从大量的检测性工作走向预防性工作。

我们必须通过运营不断识别流程管理体系的差距，从而驱动其改进以适应业务不断发展的需要。

静水潜流，做流程与质量管理体系的主人

流程、质量和运营的正确运用，会将组织导向熵减，其最高境界是静水潜流、无为而治；反之，如果僵化地运用，则会导致组织熵增。

我们都应做流程与质量管理体系的主人，而不是旁观者，充分发挥其正向和积极的价值，才能使组织充满活力，实现商业成功。

流程之殇，业务之失

居晓峰

根据华为流程文件管理平台信息，截至 2018 年 3 月 30 日 22:03，华为共计有生效中文流程文件 29092 份。随机抽取文件 20 份，统计得出平均每份流程文件 12.6 页，按此推算华为仅中文流程文件就达 36.7 万页。让美国人民和特朗普先生无法忍受的美国联邦法规一共多少页呢？ 18.5 万页，也就华为流程文件的一半。

再看一个具体的流程。以我们一直认为比较成熟并引以为傲的 IPD 流程为例，这个流程有多少份流程文件呢？ 6631 份。做一个完整的 IPD 项目，最多要输出多少篇文档呢？ 664 篇。一个完整的流程要走过多少决策评审的关卡环节呢？ DCP（决策评审点）决策点 4 个，各领域 KCP（关键控制点）点 51 个，KCP 下层分解审核检查点超过 300 项；各种 XR（领域级评审）评审点 35 个，XR 评审要素超过 500 项；XR 评审守关的铜人阵有多少人呢？最多的时候可以超过 30 人。

关卡多，倘若放在全中国广袤的版图上倒也没什么，但偏偏有些地方明明只有坂雪岗这么大，也要设置众多的关卡。管道产品开发周期通常以年计，团队数百人；软件产品开发周期通常以天计，团队数十人。量级不一样，关卡上的要求却基本相同。所以，我们会发现软件的领导都很忙，不是在进行决策就是在决策的路上；软件的各路“专家”也很忙，不是在进行评审，就是在评审的路上。

有人可能会说，可以对流程进行适配精简，公司也是授权了的。没错，是可以精简的。但，好比进行城市巷战需要轻骑摩托，结果总部给你送来的是适合平原阵地战的坦克。你适配来精简去，怎么也精简不成轻骑摩托。

正是在这样的背景下，华为推行日落法。犹如壮士断腕，有几许无奈，亦有几分悲壮。

复杂的流程是怎么来的？

1. 严重失衡的流程定位

流程设计的主要目的是通过自动自发地在不同劳动者之间建立工作连接，减少人与人之间的沟通协调，降低沟通成本，提升工作效率。所以，流程活动应该在不同的劳动者之间定义和流动。对于不存在与其他劳动者的连接关系，一个人可以独立完成的工作不应进行过多的拆解和定义。但实际上我们的流程是怎样的呢？在 IPD 流程中一个 PDT（产品开发团队）核心代表的 WBS（工作分解结构）工作项可以分解到多达 200 项，大部分的工作项都有详细的操作指导和模板，详尽至极。做一个 DCP 决策，DCP 汇报模板将近100页。决策、评审、需求分析、设计、销售、服务等各个领域各个环节，无一没有详细的模板和指导书。积累到如今，当前华为庞大的流程系统中各类模板与指导书大约占据60%以上。

所以，从流程文件的实际构成来看，华为当前流程的主要定位不是减少管理沟通，降低高昂的沟通成本，实现工作的自动自发，它本质上是在通过大量的模板和指导书的定义与设计来弥补人员能力的不足，希望通过流程模板的完善减少对人员能力的依赖。愿望是好的，但实际结果是什么呢，大家想必都有体会，各种模板和指导书汗牛充栋，人员的能力反而在日益衰退。

为什么会这样呢？姑且不论大量十几年前甚至几十年前的模板和指导书对于日新月异的今天是否还有现实指导意义，即使是基于当今实践总结出来的最新模板和指导书，一旦成为强制性的要求，便就如同新八股，难免产生副作用，尤其是在需要创造力的不确定工作领域，必然会限制人员主观能动性的发挥，进而影响人员的创造力和能力的提升。

《六祖坛经》有云："心不住法，道即通流。心若住法，名为自缚。"一个人只有不拘泥于方法，才能领会成事之道。倘若时时刻刻总想着要遵循某种指导方法，方法就会成为一种束缚，事情就很难做到卓越。一个人只有忘记了怎么走路，才能真正学会走路，走好路。

流程、能力与技术三者之间应保持均衡。能力与技术的提升应尊重并遵循能力与技术提升的规律，不要总是通过流程和管理的手段来解决能力与技术上的问题，更不能将流程凌驾于能力与技术之上。千万不要以为掌握了多少套花拳绣腿的拳法套路，就能作为人员能力以及任职资格的评判标准（这一点不知戕害了多少英雄好汉）。

2. 缺位的流程质量标准

不知道大家发现了没有，华为公司的众多流程几乎为所有的工作输出都定义了质量标准，唯独流程本身是没有质量标准的。当然不只是华为没有，整个流程管理行业都没有质量标准。也不知道流程质量标准问题当真是流程管理界的世纪难题，还是只是这个行当的“潜规则”。

因为没有流程质量标准，华为几乎所有的管理相关的问题都习惯性通过流程来解决。流程成了一个筐，什么问题都可以往里装。这样日积月累，就导致流程中的管理活动急剧地膨胀。

为什么管理活动这么多？因为实施管理的组织多了，复杂了。流程代表的是生产力，组织代表的是生产关系。流程决定了组织，组织反过来会固化并强化流程。组织对流程适度的固化与强化有助于流程的有效运作，会促进生产力的发展。当组织对流程的强化超过一定的限度，就会导致组织自身的膨胀和流程的臃肿，最终阻碍生产力的发展。

所以，流程与组织之间需要保持合理的平衡。公司在流程设计的时候应该将组织管理活动的比例控制在一定的范围之内，这个范围应该是流程设计最重要的质量标准之一。流程修订优化的时候应该对照这个标准进行，以防组织与流程的膨胀。流程的日落精简也应该先定义清楚标准，不能再靠各方的博弈和妥协了。

好的流程设计有如都江堰，没有管理，却无时无刻不在管理，“静水潜流，川流不息”。坏的流程设计则有如到处筑坝建闸，管理很积极，实际却是处处“乱石穿空，惊涛拍岸，卷起千堆雪”。

好的流程有如河流，绝大部分的河段宽度应该集中在一个宽度区间内。倘若一条河流大部分区段细若沟渠，中间一小段却突然宽若长江，那就不叫河流了，那叫堰塞湖。

所以，好的流程的活动颗粒度应该是基本均匀的，大部分的流程活动颗粒度应该在一个集中的工作量区间内，工作量极大和极少的应该是极少数。是不是也应该符合正态分布的规则？倘若此规律成立，流程活动颗粒度基本符合正态分布就应该定义成流程的另一条关键质量标准。

3. 错位的流程内控设计

IPD 流程领域的 SACA（维修变动分析）数年来一直都有一个很耐人寻味的现象，那就是年年做 SACA，年年领导都不满意，SACA 报告找领导签字时被骂基本是常态，报告被直接扔入垃圾桶也时有发生。CT、SACA 越做越多，越做越细，领导却越来越不满意，业务也怨声载道。为什么会这样？打开 IPD CT KCP 你就会发现，内控的目标瞄准的是财经与经营风险，然而几乎 90% 的 IPD KCP 内容跟财经与经营基本没有关系，大部分是业务管理和质量管理的规则要求。所以，这些年来，IPD 领域的内控工作本质上就是在使用内控的工具做质量管理的事情。领导期望看到财经及经营上的风险，最终输出的报告却常常是拼凑了一堆琐碎的业务管理以及质量管理类问题，不满意是自然而然的事情。

企业经营流主要分为三种：业务流（价值创造流）、资金流和物流。在业务流上构建质量，在资金流上构建内控，在物流上控制成本。三者不可错位，否则就会事倍功半甚至是缘木求鱼。IPD流程的主体是业务流，在业务流上构建内控是很难取得好的效果的，不是做CT/SACA的员工不努力不奋斗，实在是制度设计的开始便注定了这样的结果。

华为当前的内控概念以及方法论据悉来自金融行业，带有明显的金融烙印，但华为不是金融企业。对于金融行业而言，业务流就是资金流，所以金融行业全流程做内控是可行的。但非金融行业特别是科技行业全业务流程做内控是不合适的，甚至是灾难。内控高度排斥过程的不确定性，会强力驱动业务流程持续的细化、固化乃至僵化。基于过程管控的特点，还会催生出大量的子流程，最终严重影响业务的活力与效率。

简化流程怎么办？

早期的华为流程对于规范与强化华为的内部管理，建立与客户沟通的共同语言起到了积极作用，有效促进了生产力的发展。经过近20年的建设，华为的流程体系已经变得十分庞大且复杂，已经在日益明显地制约甚至阻碍生产力的提升。

当前的华为流程存在不少结构与系统性问题，只是小改进怕是不够的。结合以上分析，相应的有几点建议供参考。

1. 流程与模板指导书分离

流程定义的是做事的先后次序与协同关系，是大家共同约定并遵从的工作要求。模板与指导书是对完成一个事件的历史经验总结，既然历史的成功并不能成为未来成功的向导，那么这些模板指导书就应该定位成作为完成某项工作的参考材料，而不是大家都必须遵从的强制性要求。模板和指导书最好能够从流程体系中剥离开来，作为员工相应工作能力提升的培训材料，放到人力资源体系或者华为大学来维护和管理。允许大家自由地参考和选择模板和指导书，并通过大数据进行监测和管理，让不合理、不合时宜的模板和指导书自然消亡，让真正凝聚了实践智慧的优秀的模板指导书持续优化，焕发活力。

2. 构建流程质量标准

管理的本质是构建秩序，有序则是熵减，无序即熵增。从本质来看，管理之道与热力学规律确有相通之处。因此，熵理论可以很好地解释管理。熵理论是热力学中的重要理论，但热力学上除了熵的概念，还有一个非常重要的概念，那就是热力学效率。什么是热力学效率呢？一个热力学系统输出的有用功与消耗掉的总功的比值叫作热力学效率。热力学效率用来衡量一个热力学系统将消耗的能量转换成价值能量的效率高低，是衡量一个热力学系统好坏的重要质量标准。

热力学效率理论中有几个很有意思的发现和事实：

（1）热力学效率 100% 的系统现实中是不存在的。

（2）当今人类世界最好的气缸发动机的热力学效率只能达到

50%，最好的喷气式发动机热力学效率只能达到 65%，最好的冲压发动机热力学效率可以达到 85%。

（3）影响热力学效率的三大因素：约 50% 的因素是因为热力学管理系统的热量消耗，结构越简单的热力学管理系统热力学效率越高；约 45% 的因素是因为燃料能量未充分利用便被释放；只有不到 5% 的因素是因为燃料没有充分燃烧造成的。

华为既然开创性地引入熵理论来指导管理，是否可以考虑把热力学效率理论也引入进来，用于指导流程质量的管理？是否可以考虑参考热力学效率的定义，将流程中“价值创造活动的工作量投入”与“流程活动总工作量投入（含管理活动）”的比值定义为流程效率，并将流程效率用作衡量流程好坏的质量标准？影响流程效率的三大因素是否与影响热力学效率的三大因素基本类比？——即约 50% 的因素是因为组织管理的工作量消耗；约 45% 的因素是因为人员能力未被充分利用便被释放；只有不到 5% 的因素是因为人员没有被充分激发造成的。如果此类比成立，我们是否可以正确地选择流程效率提升改进的方向？

3. 内控归位

内控瞄准的是资金与经营风险，应构建在与资金强相关的流程或子流程中。业务流程的风险应从业务的角度进行把握和管理。

最后，建议选拔适合的人来做流程。老农民和书生都修不了都江堰。流程是实践与智慧的结晶，流程的设计者既要有丰富的实践经验，又要有源于实践高于实践、总结提炼融会贯通的智慧与能力，还应有不畏艰辛、不计得失、呕心沥血为万世开太平的“士子情怀”与责任担当。那些夸夸其谈、见风使舵并把流程当作商品来经营的人，就还是不要做流程了。

雪山上的夏尔巴

——麒麟变革故事

林江艳

在近年历次华为旗舰手机的消费者调查中，作为支撑华为手机商业成功的重要力量，麒麟芯片越来越受关注。但实际上麒麟一路走来的艰难险阻，只有经历过的人才有深刻体会。这里，我们希望通过 2003 年以来的若干小故事，来探究麒麟的奋斗和变革历程。

需要说明的是，麒麟只是一个代称，实际上是指用于手机的一系列芯片或部件，即华为无线终端芯片，包括麒麟、巴龙、HiKey（氦客开源开发板）、RF、Connectivity①、PMU（电源管理单元芯片）、Codec（编解码器）等。

4G LTE Modem：星星之火，可以燎原

2009 年 12 月，一个天寒地冻的日子，几个中国年轻人带

① Connectivity，连接芯片，通常包括 WiFi、蓝牙、定位导航、红外、NFC（近场通信）等。

着 CPE（客户终端设备）在德国郊区做户外信号测试。到现在，大家还记得户外冷冰冰的食物和水，记得全身冷到僵硬的感觉，但记忆最深刻的，还是测试过程中大家一起奋斗的那股干劲儿。他们当时测试的，是华为第一代商用 LTE[①] 终端芯片巴龙 700，内部代号叫北极星 Polaris。他们希望“北极星”能够指引胜利的方向。

华为无线终端芯片要从 2003 年说起。那时，公司决定研发用于 WCDMA（宽带码分多址）的手机芯片——代号是梅里。可惜这个项目不太成功。2007 年中，公司正式宣布停掉梅里项目。时任海思总裁徐直军表示，尽管梅里这个项目不做了，无线终端芯片领域还有更多挑战值得攻克，鼓励大家坚持下去。他说：“我们华为就是‘傻傻地投’。”

梅里这款产品虽然最终没能成功商用，但给团队积累了最为珍贵的产品经验与教训，更重要的是培养了一批人。梅里项目的结束其实是一个全新的开始，公司决定兵分三路：在 3G Modem（调制解调器）和 AP（应用处理器）处理器领域分别积蓄力量，另一方面也开始了 4G LTE 新技术的预研和探索。

于是三个团队分别重新踏上征途。王劲和 King 带领团队开始 3G Modem（含 2G）研发；Jerry 则带领梅里团队的一部分核心力量，在高端 AP 领域继续探索；第三个团队则专攻 4G LTE 方向。

2007 年底，华为无线产品线研发 4G 网络设备需要配套的 4G

① LTE，通用移动通信技术的长期演进，即通常所说的 4G 无线通信。

测试终端。Sean 曾经有过 3G 测试终端的开发经验，责无旁贷地挑起了 LTE 测试终端开发的大梁。同时，由于缺人，公司决策将高端芯片专家 William 从发展得如火如荼的数字媒体芯片领域抽调到 LTE 领域，负责 LTE 芯片的开发。William 是一位非常有经验的芯片开发专家，在数据通信芯片、安全芯片、数字媒体芯片等领域有着成熟的产品开发经验。后来证明，正是这样才实现了 4G 乃至 5G Modem 芯片的“星星之火，可以燎原”。

新鲜血液的加入，不仅带来了成熟的 SoC（片上系统）架构和电路设计经验，还带来项目开发的新思维。William 说：新团队没有经历梅里项目的磨难，但正是因为不了解，反倒有更多勇气去挑战，真正激发出团队潜力。与此同时，Sean 带领的团队也燃起全新的奋斗热情，坚守的兄弟们一心都想把项目做好，他们的心中始终燃烧着一团熊熊烈火。但不论团队如何热情高涨，艰难困苦一如既往地在前面等着大家。

第一代 LTE 单模 Modem 巴龙 700：是 25Mbps，还是 100Mbps？

在定义第一代 LTE 芯片巴龙 700 的最高速率时，大家在 25Mbps（传输速率单位，兆比特每秒）和 100Mbps 之间摇摆不定，当时 HSDPA（高速下行分组接入）的下行峰值速率在 3.6 Mbps 左右，有些人觉得 LTE 做 100Mbps 太高了，能做到 25Mbps 就行。但 William 不这样想。基于路由器领域的经验积累，他认为，4G 初期的速率在无线领域看来确实很高，但在路由器领域，这个速率差不多是 10 年前的水平。尽管传输的原理不同，很多核心技术却是相通的。William 坚持 100Mbps 没什么问题，物理层以上的问题能够解决。

这是一款 LTE 单模芯片，支持 LTE FDD/TDD（频分双工 / 时分双工），不支持 2G/3G。在当时 LTE 网络没有大规模部署的情况下，单模 LTE 应用场景受限，既不能做手机，也不能做数据卡，只能放在固定位置用于 CPE 产品形态。而且彼时行业已经推出成熟的 2G/3G/4G 多模 LTE 芯片，并且在主流市场商用发货。从这个角度说，单模 LTE 芯片巴龙 700 是一个彻头彻尾的"落后"的产品，既然这样，为什么还要设计这样一款产品？

其实这是有原因的。负责产品规划的专家 Benjamin 说：2010 年恰逢德国政府发布国家宽带战略，号召运营商在 DD 800MHz（LTE Band 20，运营商的一个频段）频段上开展移动宽带业务，弥补德国广大乡村地区无线宽带接入的缺口，消除数字鸿沟。这在对手眼里，不算肥肉，但对 4G Modem 巴龙团队来说却是天赐良机，于是才设计了巴龙 700。Sean 和 William 团队完成了巴龙 700 的交付，德国的运营商同意采用基于巴龙 700 平台的 CPE，4G 巴龙芯片获得了一次宝贵的机会。在当时业界已经推出多模芯片的背景下，一款单模 LTE 芯片能够获得德国运营商的认可，实属不易。

借此契机，华为充分发挥端管协同优势，成功支持德国几家重要的运营商利用 DD 800MHz"数字红利频谱"在全德范围内部署移动宽带网络，巴龙 700 成功在夹缝中打开市场。开头提到的在德国郊区进行信号测试，就是这个时候。

趁热打铁，基于对中国移动 TD LTE 频段的支持，巴龙 700 在上海世博会演示的即摄即传体验峰值速率达到了100Mbps，海思也成为最早完成工信部TD LTE测试的厂家。基于巴龙700的数据卡还支撑华为网络完成在日本运营商的拓展。这就是LTE单模三年技术攻关播种下的革命火种。

第一代LTE多模Modem巴龙710：选择成熟的3G架构，还是面向未来的LTE架构？

2012年，多模已经成为行业主流，业界LTE芯片已经做到第二代，甚至第三代，海思也迅速转入多模4G LTE芯片巴龙710的研发和攻关。这时他们遇到了多模Modem架构选择的问题。

此前，2G/3G Modem芯片开发架构基于ARM9（此处ARM为英国ARM公司，下同）和ZSP（一款数字信号处理产品），有成熟的解决方案的交付能力；而之后的4G LTE单模Modem芯片则基于新的ARM11 CPU（中央处理器）和CEVA（思华科技，公司名，也是其产品的名字）处理器，开发了全新的更有竞争力的架构。对于LTE多模Modem的架构，两个团队进行了激烈的讨论，一方认为应该选择成熟的3G架构，有利于产品的快速量产；另一方认为应该选择面向未来的LTE架构，有利于未来演进。双方相持不下。时任海思研发管理部部长的何庭波没有立即拍板，而是给大家讲了一个故事。2G时代，半导体巨头TI（得州仪器）、英飞凌，基于成功的2G Modem去开发3G Modem，结果失败了。而后起之秀高通则是先开发了3G Modem，之后把2G功能融合进去，结果成功了。何庭波沉默了一会，对大家说："现在我们面临同样的历史时期，要从3G向4G切换。采用旧的成熟的架构，加入新的功能，事实证明是不适用的，无法很好地演进。我们的 4G 技术架构选择，要面向未来。”于是最终决定：采用 4G LTE 架构，把 2G/3G 功能融入进去。正是这次选择，奠定了巴龙 LTE 未来芯片的清晰演进路线，从 LTE Cat[1]. 4 的 150Mbps，到 Cat. 6 的 300Mbps，再到 Cat. 12 的 600Mbps，整个架构支撑了华为无线终端芯片在 LTE 上的持续演进。

证 书
Certificate

深圳市海思半导体有限公司于 2009 年至 2012 年参加 TD-LTE 研发技术试验和规模技术试验，通过测试。

HISILICON TECHNOLOGIES CO., LTD.
has participated in the TD-LTE technical tests & large-scale trial during 2009-2012, and passed the tests.

TD-LTE 工作组
TD-LTE Working Group
2012.12.31

图 1 海思巴龙参与了大量的 LTE 测试

万里征程：从 4G LTE 迎头追赶，到 5G 时代全球领先

2013 年 CES（国际消费类电子产品展览会）期间，公司从产品竞争力的角度出发，决定把 Modem 和 AP 合起来，选择走 SoC 的发展道路。当时距离交付只剩下八个半月的时间，时间紧、任

---

① LTE Cat，用户设备能够支持的 4G LTE 网络传输速率的等级，是 4G 网络速度的一个技术标准。

务重，团队克服重重困难按时交付，并且在巴龙 720 这代产品上实现了很强的竞争力，创下了最短开发周期的纪录，同时这款 Modem 也持续为麒麟 920/ 930/ 950 等提供着强劲的通信能力支持。

从巴龙 720 开始，巴龙 750、巴龙 765 等后续产品逐渐走上正轨，随后推出的每一代产品几乎都实现了业界最强的规格，在 LTE 时代站稳脚跟。

2019 年 1 月 24 日，华为正式面向全球发布业界领先的 5G 多模终端芯片——巴龙 5000 和基于该芯片的首款 5G 商用终端——华为 5G CPE Pro，领航 5G 时代。

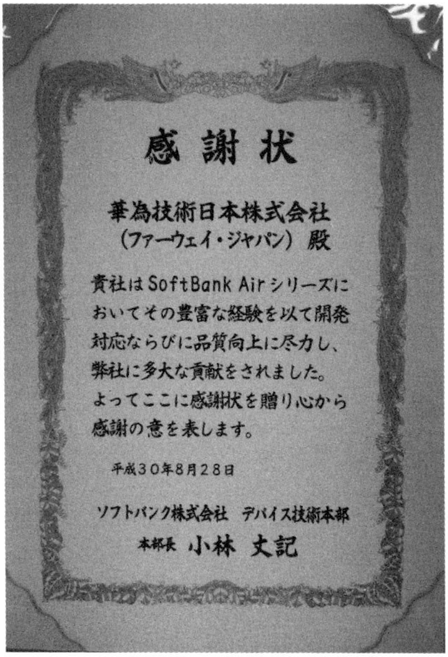

图 2　日本客户对 Modem 产品向来要求特别严格，巴龙以过硬的规格和性能赢得日本运营商客户的信任和赞赏

5G 的形势和 4G 相比已经大不相同。在巴龙 5000 与网络系统设备商联调的过程中，Sean 和 William 及团队听到最多的反馈就是“你们真的很快”。2019 年 6 月 28 日，中国移动发布首份 5G 芯片和终端评测报告，巴龙 5000 不论在网络兼容性、吞吐率上，还是在续航上，都一骑绝尘。

经过 4G LTE 时代艰苦卓绝的奋斗和积累，巴龙 Modem 芯片终于在市场上喊出了自己的声音，也让行业内的其他厂商刮目相看。“做全球最好的 Modem”成为现实。

5G技术研发试验

证书

深圳市海思半导体有限公司积极参与5G技术研发试验第三阶段测试，采用5G终端试验平台与华为公司进行了空口互操作研发测试（IoDT）。

特颁发此证书。

IMT-2020

IMT-2020（5G）推进组

颁证时间：2019年1月23日

证书号：2019-T-3-08

网　址：http://www.imt-2020.cn

图 3　2019 年 1 月 24 日，巴龙 5000 正式发布。实际上早在此之前，巴龙 5000 就开展了 IoDT（互操作性测试）测试

麒麟920：初露锋芒，爆款产品是如何诞生的?

捷总是一家创业公司的CEO。他是从华为手机部门离职出去的，和原先华为的兄弟们仍然保持联系。2014年9月，华为推出一款名为Mate 7的手机。之后，他的亲朋好友不断地给他打电话，请他帮忙买Mate 7。他很奇怪，打电话求助华为的兄弟，没想到对方说："哎呀，不好意思，现在没货。我们自己都抢不到Mate 7。"电话这头捷总一脸惊愕。

这就是华为爆款手机Mate 7刚发布后的情景。它搭载的就是脱胎换骨了的麒麟920。那么麒麟920是如何诞生的？在它之前，经历了什么？在它之后，又发生了什么？

2007年，如上文讲到的，梅里项目结束后，公司决定兵分三路。经过几年艰难探索和尝试，三个方面军陆续都取得了一些突破：3G Modem巴龙芯片经过几代的更迭，陆续突破了欧洲、日本等重要的运营商；AP处理器经历K3V1的小规模出货，到K3V2，支撑华为D1、P6、G710、Mate、D2，P1、D1 XL等手机产品以及平板、电视盒子和电子相框等大规模出货，奠定了关键技术基础，摸索和积累了一系列产品研发和量产的方法学，在市场上初步打开局面；4G LTE团队是革命火种，在3G向4G变迁的大潮来临之前储备力量，艰苦研发与攻关，终于在4G来临时打出了一场又一场漂亮的通信胜仗。

2012—2013年，国内4G即将开始大建设；2G/3G Modem、4G Modem、AP齐头并进，但分立的K3V2和巴龙710难以担负起业务发展的使命，要支撑华为手机发展，多模 SoC 推出至关重要。历经昏天黑地的艰难攻关，华为推出了首款手机 SoC 麒麟 910，支撑 Mate 2、P6 S、P7、H30 等手机规模发货，获得了良好的口碑。

麒麟为上古时期灵兽，聪慧、祥瑞，拥有来自东方的神秘力量，赋予芯片非凡的智慧和强大的力量。麒麟 910 开始了华为手机 SoC 时代，而最大突破却是来自麒麟 920。

麒麟 920 的一波三折

麒麟 920 和麒麟 910 几乎是并行开发和交付的，这被称为“拧毛巾模式”。但它的诞生却是一波三折。

早在 2012 年 12 月 28 日，大家就在讨论开发一个 K3V2 pro 版本，作为 K3V2 的升级版，重点解决一些问题。但后来大家觉得它的竞争力不太强。2013 年 1 月，公司决定：不要再犹豫了，果断停掉 K3V2 pro。

2013 年公司新立项一个产品，名称为 K3V3。当时的想法是做一颗规格领先的独立 AP 芯片（为什么业界总有 K3V3 的传说，原来不是空穴来风），外挂一颗全球首发支持 LTE Cat. 6 的巴龙 720 芯片，采用 AP+Modem 的模式，交付终端客户。就在项目按计划进行的时候，芯片研发主管 William 敏锐地发现，这种模式的交付，对客户来说，成本竞争力很不够。有没有办法，在保证规格竞争力的同时，大幅降低整体成本，从而为客户提供有竞争力的解决方案版本？

办法总比困难多，通过整体的系统架构设计、规格分析、成本分析，最终项目团队确定，采用整合 AP 和 Modem 的 SoC 方式，可以在保证规格竞争力的同时，大幅降低芯片成本。确定方案可行之后，William 立即就投入了沟通说服工作，得益于海思专家主管一体的高效机制，方案很快就获得了大家的认可并拍板执行。确定投片时间为 2013 年 4 月。

无限风光在险峰，虽然优化方案得到了认可和实施，但是留给项目组的开发时间却极其有限。整体架构需要重构，媒体部分需要重构，手机验证平台需要重构……一个关键模块的显示子系统，本来是一位新加入的海外高端专家负责，两个月前就觉得快搞定了，可是过了两个月一看，发现还是处于“快搞定”的状态。怎么办？推倒重做。这时候，芯片专家 James Wang 带头投入，负责关键模块的代码重构和编写开发，两周搞定；验证专家 Tom 又带人扑上去，三周搞定；手机验证平台对交付影响巨大，没有熟悉的人，怎么办？原本做 Modem 验证但从没做过手机芯片验证的专家 Martin 牵头，成功地完成了手机验证平台的重构，这个平台在后来历代麒麟芯片验证交付中发挥了巨大作用。

麒麟 920 采用了 ARM big. LITTLE（大核 CPU 与小核 CPU 相结合的 CPU 架构设计）架构，四个大核 A15，确保强劲的性能；四个小核 A7，确保优秀的能效。这是当时业界最先进的八核架构，性能和功耗完美均衡。实际上此前大家曾经对这个架构还很犹豫，纠结于大小核的升级，最后海思总裁何庭波坚决拍板：用大小八核架构，并在专家 James Fang 带领下实现业界第一个真八核 HMP（异构多处理器架构）方案，Benchmark（跑分）和操作体验全面领先，一举超越多家竞争对手。

在 2013 年初的那个阶段，麒麟 910 还在攻关中，甚至巴龙 720 也还没有完全稳定下来。但这不影响麒麟 920 紧锣密鼓的研发。2014 年春天，麒麟 910 经历了艰苦的攻关，搭载麒麟 910 的几款手机（尤其是 P7）基本上赢得了消费者不错的口碑，但大家都有点心有余悸。在这种情况下，麒麟 920 的表现尤其值得期待。这时候麒麟 920 的各项测试指标基本出炉，大家有点不太相信自己的眼睛——实在太强悍了。

2014 年 6 月 6 日，麒麟 920 在华为北研所发布。没人会想到，这样一款强悍的产品是在华为院士艾伟的自黑中开始的。只有很少的专业媒体受邀参加了本次发布，他们已经被这款产品所震撼。随后，2014 年 6 月底发布的荣耀 6，以及 9 月份发布的华为 Mate 7，成为爆款手机，进一步提升了麒麟 920 的声誉和影响力，它被誉为“国产最强芯”。文章开头所说的 Mate 7 一机难求的故事，就是这个时候发生的。

此后，大家对 SoC 手机芯片的开发更加有把握，更加自信，也更加出神入化。

2014 年 12 月，麒麟 620 发布，这是华为首款 64 位的手机 SoC，其支撑的荣耀 6X 手机成为公司首款出货量超一千万台的手机。可能没人知道，此前公司规划的是麒麟 610，是 32 位的。后来大家果断终止了 610，改为了 64 位的 620。这一做法后来被称为“壮士断腕，绝地重生”。

2015 年 3 月，麒麟 930 发布，它也完成了从 32 位到 64 位的转化，采用了性能和功耗更为均衡的 A53 核，巧妙跳过了手机上的“火炉”A57。这一做法后来被称为“四两拨千斤”。

2015年11月，麒麟950发布，业界率先导入16nm FinFET（鳍式场效应晶体管）顶尖工艺，这是中国半导体厂商第一次站上了半导体工艺的最前沿。其研发历程异常艰险，后文详述。

2016年4月，麒麟650发布。这是业界首款在中档位手机SoC上导入16nm FinFET顶尖工艺的芯片，并且实现了全模，即补齐了自研CDMA 2000（码分多址，3G移动通讯标准之一，下文简称CDMA）通信制式。16nm顶尖工艺支撑麒麟650更长的生命周期，成为海思首款出货超亿套的手机SoC芯片。这一做法后来被称为“神来一笔”。

组织架构的调整

Paul是无线终端芯片部门主管。在麒麟910和920“拧毛巾”开发的过程中，作为事业部主管，他面临一系列难题——不仅是技术的难题，还有团队融合的难题。他既要融合4G Modem和2G/3G Modem团队，还要融合K3团队。他们原本都各自拥有端到端交付能力，都有芯片、物理层、架构、解决方案、测试等各模块。这在以前各自独立交付的环境下是有效的，但现在要做SoC的开发，这样的组织架构就有很多问题。为此，在海思领导的支持和帮助下，Paul进行了组织架构的调整，把这种各自端到端的交付组织，改为按模块分别交付的组织——芯片、物理层、架构属于公共部门，服务于麒麟和巴龙解决方案部，最终由麒麟和巴龙解决方案部交付给终端公司。

多年后，回顾此次组织架构的调整，大家开玩笑地做了个比喻：一家食品铺子里有几个组，分别负责制作包子、烧麦、饺子等，每个组都有做馅、做皮、捏在一起等完整的能力。现在，重新分组，每个组分别负责生火、做馅、做皮等，最终交给另外的组捏在一起，再卖给消费者。每个组把自己所负责的那项能力做精，最终的产品质量大大提升，受到消费者的喜爱。这种组织架构一直沿用到现在。

补齐通信制式：TD-S CDMA 和 CDMA，每次都掉一层皮

麒麟 910 是首款 SoC，其不仅要融合 AP 和 Modem，即 K3V2 和巴龙 710（4G Modem）、巴龙 2G/3G Modem，还必须支持中国移动的 TD-S CDMA 制式（时分 – 同步码分多址，3G 移动通讯标准之一，下文简称 TD-S）。TD-S 标准没有国际大厂商投入，只有国内厂商投入，产业链各个环节，仪表、设备、标准的细节、产业化等，都不完备，困难很大。

公司几经讨论，最终决定与中国一家早期研究 TD-S 制式的高校合作，从其获得授权。但拿过来之后，发现存有大量问题，诸如代码混乱，时序变化，测试力度不够，商用困难，出问题很难定位，即使定位到，也很难修改。公司花了很大代价开发和稳定这个版本。TD-S 制式的研发负责人 Andrew 说：2013—2014 年的冬天，TD-S 团队几乎所有的人都去做测试工作了。大家开着自己的私家车，一遍一遍地跑外场，做测试。外面下着大雪，大家一边开车，一边拨打测试电话。现在想想，还真挺危险的。

从 2013 年下半年，一直到 2014 年第二季度，中间经历了长达 9 个月的艰难历程。2013 年底，Paul 临危受命带领大家攻关，

Jim 是攻关组长，Andrew 是解决方案软件组长，几乎每天晚上 9 点大家都会开晚例会，分析问题，分工解决问题，通常开完会都十点多了，会后还要继续工作。

2013 年底，一个寒冷的冬夜，Paul 出差北京开完攻关会议回到酒店，接到一个同事电话，请他参加他们部门的年会，Paul 婉拒了。因为他实在太忙了，摆在他面前的难题太多了。这个身经百战、战果累累、年底这段时间本应拿奖拿到手软的部门主管，此时此刻却几乎要哭出来了。他在想："我为什么要来负责这块业务？我能做好吗？"

来自内部和外部的压力很大，兄弟们工作很艰苦。很可惜有的人离职了，包括一些骨干。但大部分人仍然在坚持，这些兄弟在这个领域默默坚持了近 10 年，这是他们大好青春的 10 年。Paul 曾经问过这些兄弟，为什么能一直坚持。他们说，没有为什么，既然定了目标，就一定要做出来。Paul 说，有这群兄弟在，心中就有目标，坚持下去，一定能取得突破。

到 2014 年四五月份，TD-S 的问题终于解决，搭载的手机陆续量产。麒麟 910 背水一战、九死一生的攻关历程，成为大家刻骨铭心的回忆。

麒麟手机 SoC 从 910 开始，到 620、920、930，在通信制式上一直稳定，但还缺一个制式——麒麟芯片一直不支持中国电信的 CDMA 制式。这个问题随着全网通手机的普及显得越来越严重。

那时的华为全网通手机，要么采用其他厂商的 SoC，要么采用麒麟芯片加外挂其他厂商的 CDMA Modem。在要不要自研 CDMA 制式芯片这个问题上，大家有所争论。有的专家认为，随着4G的普及，CDMA可能将逐渐被淘汰，没有必要去开发一款产品来支持将被淘汰的制式。但也有很多专家认为，即使CDMA本身不演进了，但其还会存在一段时间，全网通一定是大势所趋。麒麟如果没有全模芯片，华为手机的竞争力将受到很大影响。最终，大家达成一致：集成CDMA制式。

然而，在是采用其他厂商的授权的CDMA还是自研的问题上，大家又开始了争论。Jim是CDMA开发主管，鉴于先前TD-S的痛苦经历，他对领导Paul说："你不要从外面买CDMA。我一定能做出来。"

考虑到时间进度，公司还是和其他CDMA厂商开展了谈判，决定从其获得授权。坊间传说，双方基本谈成，但在最后一刻对方狮子大开口，海思决定不再购买其授权了。于是，开发CDMA的任务责无旁贷地落到Jim身上，2014年，他带领团队加紧攻关，终于完成CDMA制式。CDMA的研发，华为公司坚实的通信功底起到巨大作用。架构主管Jary说：由于华为基站早就实现了CDMA制式，所以从网络侧抽调了若干专家，一起攻关CDMA终端芯片。但这中间也遇到了很多困难，例如，Jim曾经发现RF芯片锁死，大约每200台手机就有一两台出现这种情况，很难定位问题。他和团队以及RF的同事，一行一行地检查代码，做压力测试，终于定位到问题并解决。最终CDMA制式在麒麟650上成功交付，也为后面所有的麒麟芯片的全网通制式扫清了障碍。此后，麒麟950、960、970、980等在通信规格和性能上一直高歌猛进，并延续到5G时代。

图4　实验室里的紧张调试

麒麟950：跨越自我，从鲁莽时代到业界Tier 1

2015年秋天，史上最牛的跨越之作麒麟950即将量产。作为麒麟解决方案的主管，King要对套片解决方案端到端量产负责，他这时候有点焦头烂额。他给海思领导Julian写了一个邮件，列出麒麟950的若干问题和风险，包括SoC、PMU、RF等。他说："麒麟950有可能重演当年梅里的风险。"他的邮件发出去没一分钟，就收到了Julian的回复："你赶紧去产线上盯着。问题不解决不要回来！"King看着邮件，脑子一片空白，这时电话响了，Julian说："你走了没？"

为什么说麒麟950是一款超越之作？是因为它在很多方面实现了很大的跨越，不仅超越了自己，而且超越了同时期的业界其他旗舰。比如：

1. 第一次站上了半导体工艺的最前沿，导入16nm FinFET顶尖工艺。

2. 首次自研ISP（图像信号处理）并商用，确定了华为手机在拍照领域的领导地位。

3. 首次商用ARM最新CPU、GPU（图形处理器）：麒麟950首次商用ARM Cortex A72 CPU和ARM MaliT880 GPU，在性能上实现了新的突破。

4. 首次自研DDR（双倍速率同步动态随机存储器）Phy（端口物理层）并商用，同时支持已经成熟的LPDDR3（低功耗内存技术）和标准还未完全确定的LPDDR4，支撑华为手机当前和未来的成功。

5. 首次商用自研PMU：新的GIC500（通用中断控制器）、新系统总线以及FBC（帧缓冲压缩）技术应用，使得麒麟950具备更强大的硬件性能基础。

6.Modem算法的优化：基于对业务的理解和行业标杆的分析，海思把Modem的算法和物理层识别为关键业务，围绕算法设计和工程化能力建设的主线，通过不断优化整合，分层能力建设，逐步确定了在Modem上稳固的领先优势。

7. 新一代自研射频芯片Hi6362，支持更广泛的全球漫游。

8. 新组织架构的首次全方位练兵。一款手机SoC芯片，通常是提前2~3年开始研发，从规划、设计到生产，环环相扣，每个环节都很重要。2014 年中，无线终端芯片业务部完成组织架构调整，可以说麒麟 950 是组织结构优化调整后第一个真正意义上的芯片团队和解决方案团队通力配合研发出的产品版本。新的组织架构需要磨合，到底是否有效，产品说了算。

2015 年春天，麒麟 950 回片，团队在上海举办了开工会，海思总裁何庭波在开工会上给大家总结了十二个字：夯实基础、踩稳节奏、开放创新。每个模块的负责人都立下了"军令状"，团队开足马力向"跨越"这个目标挺进。

但到了下半年，因为麒麟 950 的高规格，全新的工艺、处理器、模拟 IP（知识产权）、PMU、RF，导致套片量产过程中出现了各种问题，工艺和功能问题耦合在一起，DDR 误 bit（比特，二进制制位，信息的最小单位）问题、供应商模拟 IP 的低概率问题、PMU 的应力不足的 die crack（芯片裂纹）问题、RF 的 ESD（静电阻抗器）问题，每个问题都非常棘手。最要命的是，那时距离手机产品上市只有 2 个月了。这才出现了前文 King 所说的："麒麟 950 有可能重演当年梅里的风险。"这话并不过分。庆幸的是，这时候的团队已经不是梅里时的团队。海思领导 Julian 亲自带头，连夜跑到供应商处解决问题，Paul 也身先士卒和大家一起讨论解决方案，King 立即赶赴产线，在一线集合海思 SoC、RF、模拟、封装、可靠性、产品线等各方面专家集中攻关两个月。在所有兄弟的共同努力下，终于麒麟 950 得以成功量产。

那么这些问题是如何解决的？先看看麒麟 950 上惊心动魄的 RF 问题。麒麟 950 配套的 RF 芯片是 Hi6362，海思从 3G 时代自研 RF 芯片，到 4G 时代已经基本追平了业界主流水平，Hi6362 已经是第二代4G RF芯片，大家信心满满。2015年秋天，那时Mate 8手机已经投入试产，大家在紧锣密鼓地测试中。一天，由于被测试手机比较多，检测人员无意中发现两台Mate 8手机叠放在一起信号会立刻失效。这太恐怖了。

RF专家Orion立即带领团队进行问题定位，经过两个多月的攻关，终于发现是ESD出了问题，也就是RF芯片生产过程中少了一层膜（mask），这个失误会直接影响到RF芯片的可靠性，最终导致芯片无法正常工作。发现问题的当天下午，开发团队第一时间奔赴RF的代工厂，与对方专家一起看版图，最终在凌晨3点半发现版图调错的问题，并对另外一个量产版本做了检查，幸运的是这个版本是正确的。完成这些工作已是第二天早上6点，大家都如释重负，两个月来的攻关终于尘埃落定了。旧版本全部报废，开足产能生产新版本。

到这里，问题似乎解决了。但一个更棘手的问题摆在大家面前：那时已经生产出来6万台Mate 8手机，怎么办？按照测试人员的说法，只有两台手机靠在一起，才会出现问题，这种概率比较小。从这个角度来说，这些手机可以销售。而如果出问题，则会直接影响到华为手机的口碑。考虑到如果这些手机全部报废，会出现价值几亿元的损失，大家不知道怎么办才好。最终海思总裁何庭波果断决策——6万台有问题的手机直接报废，因为华为手机的品质和消费者的信赖是公司生命之本。

麒麟950上除了RF问题，还有前面提到的工艺问题、ISP问题等，都一一得到解决。这些内容我们后面分别详细介绍。

2016年6月20日，任总给麒麟950（含巴龙）研发团队颁发了总裁嘉奖令。2016 年 6 月 28 日，海思举办主题为“跨越”的庆功会，徐直军、余承东、何刚、李小龙等均到场，祝贺麒麟 950 的成功，并对未来的麒麟提出了更高的希望。

无线终端芯片业务部主管 Paul 说：“别人说我们是奇迹，每一步都很成功，其实每个成功的背后都是大家的艰辛付出。我们是一群普通人，却做出了一流的产品。这其中，目标导向的价值观起到很大作用，大家力出一孔，艰苦奋斗，致力于把事情做好。不服输，长期坚持朝目标努力。新征程，现在，我们要面向未来。”

图 5　2016 年 6 月 28 日的麒麟 950 庆功会上展示的任正非给麒麟 950（含巴龙）研发团队颁发的总裁嘉奖令

先进工艺：提前布局 决战巅峰

2013 年 1 月，一个寒冷冬日的午后，Leo 和几位领导和同事一起去拜访台积电，目的是希望和对方合作开展业界顶尖的 16nm FinFET 工艺。当时的海思在工艺上并不领先；规模上，在台积电的客户清单上排名 50 位左右。所以，导入 16nm，这几乎就是“mission impossible”（不可能完成的任务）。这个任务能完成吗？

作为一家半导体设计公司，海思对先进工艺的追求是锲而不舍的，而先进工艺又是最难的。按照提前 2~3 年立项的时间节奏，2013 年，海思就开始规划麒麟 950，工艺是一项重要规格。那时手机芯片的主流制造工艺是 28nm。对于 2 年后要上市的麒麟 950，海思如何选择？

为什么选择 16nm FinFET？

持续数十年的 Bulk CMOS（体效应互补金属氧化物半导体工艺）工艺技术在 20nm 走到尽头，加州大学伯克利分校胡正明教授在 20 年前就开始探索并发明的基于立体型结构的 FinFET 晶体管技术和基于 SOI[①] 的超薄绝缘层上硅体技术的 UTB-SOI（超薄通道绝缘体上硅）技术，也就是行业内常说的 FD-SOI（全耗尽绝缘体上硅）晶体管技术，能解决半导体制程到 25nm 后的制造和功耗难题，成为半导体产业仅有的两个重要选择。因为他的两个重要发明，摩尔定律在今天得以再续传奇。

但实际上，从胡教授在 20 世纪 90 年代发明 FinFET 技术，到

① SOI：在绝缘体上形成半导体薄膜，实现集成电路中元器件的介质隔离。

2015 年 FinFET 技术量产，这中间却用了近 20 年的时间。

海思很早就意识到了手机芯片工艺的技术极限，2012 年底，海思总裁何庭波拜访胡正明教授，向其请教 FinFET 技术在 16nm 工艺上的可实现性，做出了通过技术创新突破瓶颈的选择：跳过 20nm，开始了 16nm FinFET+ 工艺的技术突破之旅。在两年后的 2015 年，在麒麟 950 发布会上，胡正明教授谈 16nm FinFET 技术的视频，令所有与会者震撼。这是后话。

台积电：为什么要和海思在顶尖工艺上合作？

虽然做出了选择 16nm FinFET+ 工艺的决定，但要真正实现商用却面临着巨大的难题和挑战。首先是 16nm FinFET 工艺的生产和制造问题，当时在手机芯片制造领域拥有 FinFET 技术的芯片制造商台积电（TSMC），对芯片设计厂商的技术水平、技术积累、商用经验和商用规模都有着极高的要求。2013 年初的海思，手机芯片的量确实不大（麒麟 910 是 2013 年下半年才商用），更没有后来成为爆款的麒麟 920，所以在台积电那里根本算不上大客户，在先进工艺上海思又一直处于跟随的状态，并没有率先商用顶尖工艺的经验。所以，当时几乎看不到台积电与海思在顶尖工艺上合作的可能性。

2013 年 1 月，一个寒冷的午后，海思总裁何庭波带领骨干成员去台湾拜会了时任台积电轮值 CEO 刘德音先生，Leo 是其中一员。他回忆道：到达台湾的当天，何庭波不巧生病了，发着高烧，但她还是坚持第一时间去台积电拜访。正是这次重要的会面，促成了双方在 16nm FinFET 上的战略合作。海思作为大陆领先的芯片设计厂商，在台积电有着优秀的量产纪录，和台积电有着良好的合作关系，更重要的是具有清晰的战略思路。那时，华为手机已经决定做自有品牌高端手机，而其他领先芯片设计公司大多选择了在其他代工厂生产，台积电迫切需要一个与之抗衡的大客户，这个大客户很可能就是海思。可以说，台积电看到了海思芯片在华为手机未来全球版图规划中的重要性，深刻地意识到此次合作对于双方的战略意义，于是选择海思作为 16nm 全球首发芯片合作伙伴，麒麟 950 终于拔得 16nm 头筹。

同样是 16nm，麒麟 950 还做了几次切换：先是 16nm LL（能效比较好），后来切换到 GL（性能比较好），最后确定 FinFET Plus。芯片主管 William 说：这无异于一辆汽车在飞驰中换引擎，开发工作量非常大。2013 年 10 月 21 日立项，在 2014 年底投片之前，大家都异常焦虑。果然，一堆问题冒出来了。

首款自研 LPDDR：为什么要走钢丝？

先进的工艺总是伴随着很多工程化的难题，16nm FinFET 新工艺要求单芯片集成的晶体管数目从 20 亿个增加到 30 亿个，金属互连的难度成倍提升；基于 3D 结构的晶体管，工艺复杂度大幅增加。

与此同时，麒麟 950 还首次搭载自研的 LPDDR，这是当时最有挑战性的技术方案之一。在选择更有竞争力但技术风险更大的 LPDDR4，还是技术成熟风险更小的 LPDDR3 的问题上，当时内部意见很不统一。经过五次反复，最终决定两代都做。同时兼容 LPRRD3 和 LPDDR4，业界没有可以参考的经验，甚至第一次面对定义封装的问题，首款、自研，这些字眼里充满了风险，负责芯片开发的高层主管 George 亲自和 William 带了 30 人的团队，一起和 DDR 研发主管 Leo 的团队检验设计，每天看代码、看设计。期间出现的警告 log（日志）多达几万条，大家就一条一条过，每天都忙到夜里十一点，有同事甚至累到病倒。当时还赶上春节，大家也都基本没有休息，时刻在担心最终的效果。Leo 说：那时候简直像在走钢丝。

庆幸的是钢丝终于走过去了。回过头来想，同时实现 LPDDR3 和 LPDDR4 是多么英明的决策：LPDDR3 已经成熟，可以快速调试和部署，争取宝贵的时间窗口，不影响整体芯片的开发，并且可以支撑中低端手机；LPDDR4 面向未来，增强竞争力。

此外，团队还解决了铜污染、MIM（金属注射成形）技术等各种问题。每个问题也是艰苦攻关才得以解决。

麒麟 950：终于站上工艺最前沿，这是整个中国半导体产业的创举和骄傲

最终，华为在 16nm FinFET 工艺上，在 2014 年 4 月实现业界首次投片——在海思的网络处理器 Phosphor 660（它就是现在的鲲鹏 920 的前身）上，2015 年 1 月实现量产投片——在麒麟 950 上，并于 10 月实现量产发货。麒麟 950 终于实现了 16nm FinFET 工艺的率先商用。从 FinFET 技术概念的提出，到今天 16nm FinFET 技术在华为麒麟芯片得到商用，20 年的过程艰难又曲折。

自此，海思开启工艺领先之路。麒麟 960 第一次在封装工艺上站上业界最前沿，并且其安全性达到了金融级安全标准。2016 年

11 月，麒麟 960 荣膺第三届世界互联网大会“领先科技成果”。麒麟 970 采用了当时业界最顶尖的 10nm 工艺。但更重要的是，麒麟 970 首次在手机 SoC 中集成了专用 NPU（嵌入式神经网络处理器），开启了端侧 AI 行业先河，其难度也是非常大的。麒麟 980 是业界首款 7nm 工艺的手机 SoC 芯片。7nm 相当于 70 个原子直径，逼近了硅基半导体工艺的物理极限，麒麟 980 实现了在针尖上翩翩起舞。

ISP：全球人才布局，麒麟拍照如何做到从追赶到一骑绝尘？

2013 年夏天的一个周末，在法国海边小城尼斯，Joe 和 8 位“居家好男人”一起“组团”去家具城买家具，他们买了若干桌子、椅子、柜子等，用自己的私家车运到空空如也的办公室，卸货，组装，忙得不亦乐乎。终于，他们拥有了像样的办公环境。

那天正好是中国的传统节日端午节。Joe 去超市给法国同事们买来了粽子，想让他们尝尝中国的传统美味。法国同事们对中国文化和美食非常感兴趣，让 Joe 觉得好笑又温暖的是，因为是第一次吃粽子，他们不知道粽子皮能不能吃。作为图像图形学的科学家，Stephen 解决这个问题的办法是：试一下。他咬了一口，觉得粽子皮太硬了，于是得出结论：应该不能吃。

他们是麒麟芯片拍照团队的成员。

在麒麟950之前，华为没有自研的ISP。早在2011年，就有人反映华为手机拍照功能不尽如人意。在一次高层会议上，任总问海思总裁何庭波："为什么华为手机的拍照不强？"何庭波说："我们缺乏自研ISP。"任总说："为什么不投资做自研ISP？"何庭波说："没钱。"任总说："没人投，我投！"

经过多方论证和准备，2012年，麒麟团队终于启动了自研ISP的立项，商用目标是2015年的麒麟950及Mate 8手机。随后，ISP团队、3A（自动对焦、自动曝光、自动白平衡）算法团队和PQ（图像质量）团队开始筹备和构建，但还是缺人，缺专家。2012年，TI解散了他们的ISP团队OMAP（TI的开放式多媒体应用平台）。听到这个消息，负责芯片研发的老大George第一时间飞到海外，希望将TI的ISP团队吸纳过来。可是，他见了OMAP在全球不同城市的人，都没有收获，很多优秀的人才要么已经被其他公司抢走，要么就是不符合海思的要求。George很失望。正在这时，一位朋友告诉他，TI在法国尼斯还有个团队，可以去碰碰运气。于是George立即飞往尼斯。这次运气不错，George与温文尔雅、思维缜密的Stephen相见恨晚，力邀其加盟。自此，ISP团队正式组建，除尼斯外，还有北京、深圳、上海、日本等团队，大约100多人，全力投入ISP技术攻关。Robin和Joe就是那个时候从其他团队抽调过来的，Robin担任ISP芯片团队主管，Joe是SE（系统工程师）。

Joe于2013年5月去尼斯，与Stephen等8位同事并肩作战。刚开始的时候，没有办公室。大家在一个公共写字楼里租了一间大约20平方米的会议室，里面只有一张会议桌，9位同事围着这张桌子办公。没有网络，大家只能靠手机的无线信号网络工作。这种情况持续了一个半月左右，办公地点终于定了下来，有了自己独立的办公室，但里面什么都没有，也没有行政人员帮忙。按照当地的办事流程，这些都配齐，可能还要两三个月，于是就出现了文章开头所描述的场景：大家干脆自己去家具城买办公家具，自己动手组装。这期间，Joe 与尼斯团队一起经历了跨国工作的磨合期——大家来自不同的国家，面临语言障碍和文化差异，粽子皮能不能吃，只是文化差异的一个小缩影。最终，大家克服语言障碍、团队熟悉度不足、工作习惯和环境差异等问题，形成了协同、高效的战斗力和良性的工作氛围。

大家都很关注自研 ISP 的成像效果，不同部门的人也都在积极配合。Robin 回忆，当时华为终端部门对麒麟自研 ISP 非常重视，硬工部老大亲自坐在电脑前，一张一张地对比图片成片质量。秘书们义务帮忙，进行图片盲测，对麒麟芯片以及其他手机拍摄的图片进行对比和排序，发现有不好的，及时返回给算法改进。

用户拍照体验好不好，除了 ISP 芯片本身，软件和算法解决方案也至关重要。Robin 和 Joe 的芯片团队已工作了近两年，而大量的解决方案软件和算法亟待开发或成熟，时间已非常紧张。2015 年 4 月,Roc 加入拍照团队，担任麒麟拍照解决方案研发主管，那时距离自研 ISP 回片时间不到一个月，距离首产品 Mate 8 手机商用也不到半年。他紧急整合解决方案软件、算法、PQ 团队，并与 ISP 芯片、终端、2012 媒体工程部等兄弟团队集中队伍、协同作战。开始时拍照的体验很不理想，功耗、性能、基础效果体验都大幅度落后竞品，他带领联合团队持续开发、攻关和优化，在

Mate 8 上市前的半年时间里，经常每天晚上 11 点开晚例会，每月休整 1~2 天，终于功耗、性能、基础效果体验的问题都陆续得到解决，拍照体验的竞争力开始浮出水面。

经过 3 年多的艰难攻关，在 2015 年推出的麒麟 950 上，海思第一代自研 ISP 正式亮相。首产品即商用，这在海思历史上还是很少见的，但这次自研 ISP 不负众望，支持 14bit 双 ISP，吞吐率性能提升 4 倍，高达 960MPixel/s（每秒百万像素），让 Mate 8 手机拍照效果实现了大幅提升。但 Roc 的团队几乎一口气都没有歇，立即投入 P9 的拍照能力的攻关。它们两个最大的不同是：Mate 8 只考虑单摄像头，而 P9 是双摄像头，所以需要修改架构。终于，到第二年第一季度，自研 ISP 技术与徕卡双镜头“双剑合璧”，助力 P9、P9 Plus 成为 2016 年的明星手机产品，黑白彩色双摄开启了华为手机拍照优势的新篇章。

当时一家著名分析机构的首席分析师如此评价麒麟自研 ISP：“这比买商用 ISP 肯定更贵，但值得。”

事实证明一切，麒麟 960 拍照性能继续提升。麒麟 970 不仅 ISP 性能得到提升，还开创性地融入了 AI，搭载麒麟 970 的华为 Mate 10 和 P20 手机都分别冲上了 DxOMark（法国知名图像处理软件 DxO 公司推出的成像质量排行榜）榜单第一；而 P20 pro 更是在 DxOMark 榜单第一的位置上稳居一年多，直到被后来的搭载麒麟 980 的 P30 pro 超越。

唯坚持，得突破。选择最难走的道路，看最美的风景，这需要智慧和勇气，更需要巨大的努力和付出。每一代麒麟的演进，都“太难了”，但即使是在最难的时刻，团队也没有放弃对创新

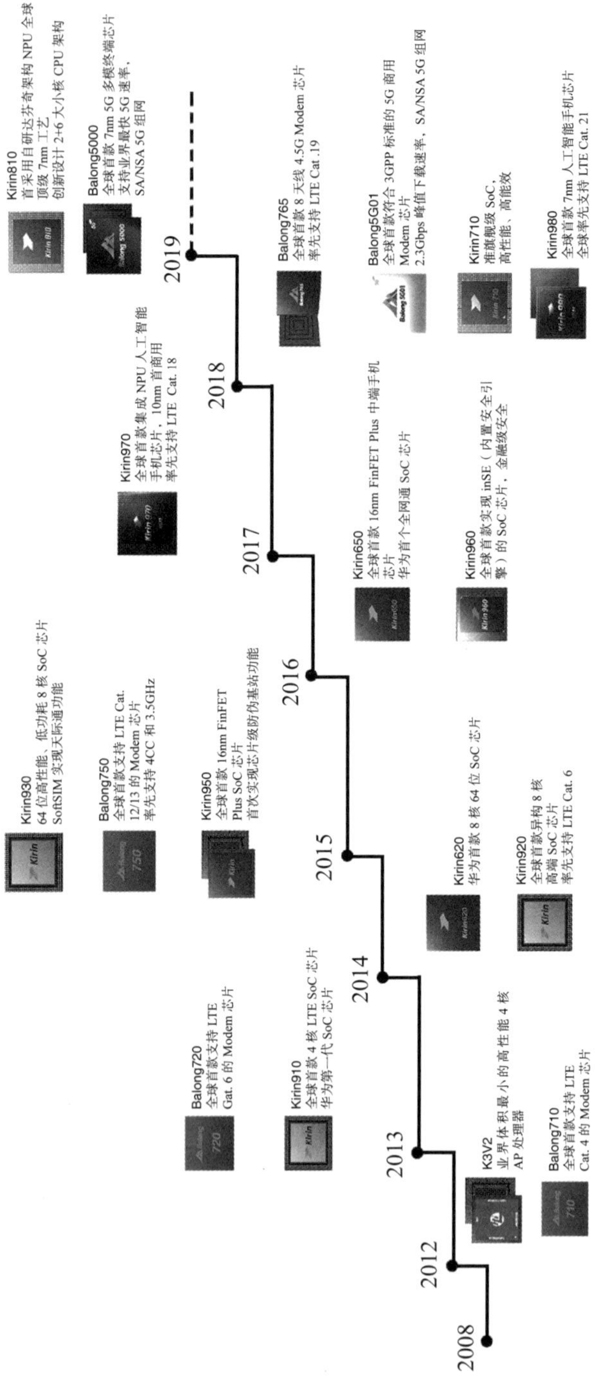

图6 麒麟、巴龙发展历程图（截止到麒麟810）

的追求。麒麟为什么能成功？是因为大家长期坚持追求三个词：Focus（聚焦）、Persevere（坚持）、Breakthrough（突破）。

（注：文中Julian、Paul、George、William、King、Sean、Benjamin、Orion、Jerry、Jim、Andrew、Robin、James、Jary、Joe、Leo、Roc等均为化名。他们可能不是特定的某个人，而是这么多年来矢志奋斗的麒麟和巴龙团队的缩影。

本文初稿由林江艳主笔，陶玉柳、董国立、欧阳飞、田书丽等进行了补充。）

跨越马里亚纳海沟

——企业供应链业务优化，给 2B 业务带来 2C 体验

范美华

英国著名供应链管理专家马丁·克里斯托弗曾经说过，“21 世纪的竞争不是企业和企业之间的竞争，而是供应链与供应链之间的竞争”。

在我们刚进入企业业务时，现实时常刺痛着我们的神经，那时收到的客户反馈经常是：“我们约定下午 14 点到 18 点到货，为什么上午就送到了？”“货虽然到了，但又比另一家公司晚了好几天！”“我要了三台货，怎么到了十几个箱子？这里面到底装的是什么？！”企业供应是直面客户的最后一公里交付，我们离客户满意还隔着一条马里亚纳海沟。

我们在供货周期、质量改善上奋力追赶，但同时整体战局在扩大，企业业务每年以 30%~40% 的速度增长，就像在飞机飞行过程中去修发动机，供应链的压力徒增无减。当我们的货期累计改进到 50%，改进空间已经很小了，但客户仍然不满意；我们认

识到在原供应模式的基础上修修补补已经不能应对新业务碎片化、浪涌、短货期的需求，传统的工作方式已经进入死胡同。

莱茵河畔的咖啡

从里向外看，似乎山重水复疑无路，从外向里看，能否柳暗花明又一村？欧洲作为新业务主战场之一，具有最规范的市场、最严苛的客户以及最强的竞争对手。向最高的标准看齐，带着不破不立的决心，围绕企业业务客户满意度提升，我们的第一个突破口指向了欧洲。

夕阳西下，莱茵河畔的风景让人如痴如醉，然而这里的咖啡，我们却喝出了苦涩的滋味。在拜访欧洲客户的交流会上，客户直截了当地指出："你们的货期还是太长，到底什么时候才能供应上？"而回到仓库，我们看到的却是黑压压一大片积压的货物。为什么客户总是抱怨到不了货，而我们的货物却又在库房积压呢？

通过对业务全流程分析，我们发现主要原因有两个：

一方面，今天的供应链已经成长为一个超级复杂的系统，传统倒排产模式是按照要求交货时间和供应能力倒排得出每一道工序的启动时间，但由于供需信息通过一系列环节传递容易失真和放大，实际备货进度与需求时间会产生偏差，导致备好货不能及时发出去变成常态，从而造成仓库货物积压。

另一方面则是在供货过程中，客户下单节奏、付款节奏、渠道经销商物流能力等外部因素不可控，都有可能拉长供货时间。

我们开始尝试从业界优秀经验中寻找解决方案。对企业客户来说，对货期的希望是什么呢？是越快越好！业界的模式大多数是正排产，即按照最快的速度进行供应，如果我们也把倒排产转换成正排产，结果会怎么样呢？我们向客户发放了调查问卷："你想提前到货吗？"结果 85% 的客户回复"YES"，15% 的客户回复"NO"。针对回复"YES"的客户，我们在系统中打上标识，每当他们下单，就直接进入正排产通道，有货立即发；若没有货，就以最快供货能力实现供应。

然而，这套机制刚开始运作的时候，对货期的改善并不明显。因为没有库存以及补货周期太长，试点范围迟迟推广不开，客户抱怨货期长的声音仍时有出现，甚至我们内部也对新模式的有效性提出质疑。为了使更多客户订单走上正排产通道，我们尝试建立"白牌囤货"模式。

所谓"白牌"，核心是产品配置，也就是不区分客户，通过对预测数据、历史用量、库存消耗进度、补货周期等进行大数据分析，针对用量大的典型配置提前储备合理的库存水位，根据客户的下单、付款、物流准备进度对库存进行分配，让真正清洁的订单一触即发。传统的客户下单再备货的串行模式再一次被颠覆，发展成"白牌囤货 + 清洁订单"的并行模式，辅以计划动态补货模型，通过计划的自适应能力将补货周期从 12 天降低至 5 天，货期改善的同时库存也降下来了，随着试点范围快速推广，我们的信心也逐步建立起来。

在这些改进的基础上，我们初步探索出一套适用于企业业务的细分供应链模式，并把这一套交易信息放在网上，实现订单履行及物流信息的可视，逐步开始为客户提供互联网式的交易体验。透明就是最好的沟通，客户也渐渐喜欢上了线上交易及线上供应服务。

咖啡的妙处，在于先苦后甜。我们的企业业务供货周期成功撞破天花板，在过去几年累计改善 50% 的基础上，近一年内又改善了 30%。诚然与竞争对手相比我们在某些方面还有差距，但总归是站稳了脚跟、找准了方向。再一次拜访客户时，恰有微风拂过，莱茵河畔的风景，别有一番滋味。

速度与激情

工欲善其事必先利其器，诸葛亮发明木牛流马，用不吃不喝的木头机器替代牛车、马车以及人拉肩扛的方式进行粮草供给，使供应效率得到大幅度提升。

过往 30 年，供应链支撑了公司的快速发展，然而随着业务走向纵深，外部环境发生巨大变化，没有人知道，供应链这辆拥有 30 年历史的老式赛车还能跑多久。为了提供快、简、通的供货能力和体验，我们在业务发展的高速路上演了一场惊心动魄的“速度与激情”：运用数字化技术重新武装自己，在高速行驶的过程中实现供应赛车的改造升级。

仓库就是我们的战场，过去仓库采用的是大货位管理方式，拣料时作业员拉着载货板到系统指定的大货位区域进行拣料，“人找货”的方式费时费力，发货高峰期更是只有通过加人、加班的方式才能保障供应。随着业务进一步扩大，仓库占地面积不变的情况下，加人、加班的效果已至上限，偌大的库房站满了人，单位时间内提升发货量已是不可能。

对标业界先进企业，亚马逊新兴的“货找人”模式给我们指引了新方向。怀着壮士断腕的决心，我们决定背水一战：所有改造必须在不增加仓库占地面积的前提下展开。位于东莞的普洛斯仓库是第一个“黑灯仓库”，偌大的库房囤货区域几乎无人，远处传来车轮划过地面擦出的声音，微弱的光线下二十几个 AGV（Automated Guided Vehicle，自动导引运输车）小车正在有序地作业；另一边是密集立体仓库，旧仓库一层变四层，里面纵横交错的导轨和自动货架使存储能力较原来提升了 50%。硬件的优化让我们尝到了甜头，“人找货”终于变成了“货找人”，拣货效率提升了 30%，然而由于高峰期的业务量是平时的 2~3 倍，从加人到加机器虽然简单，却不是最好的方式，我们必须研究新办法。

图 1　仓库改造前

为了让这些机器变得更聪明，减少机器与机器之间、机器与人之间、仓库收存发作业环节之间的等待、迂回和集结，我们开始部署并优化算法模型。通过仓库仿真、装车模拟等技术，提前识别瓶颈，实现资源合理规划；通过库区补货策略、拣货路径设计等算法，优化作业并实现高效运行。几番折腾下来，远远望去，这辆供应赛车似乎有了法拉利的影子，效率得到较大幅度提升，在场地、机器没有增加的情况下产能再提升 40%，我们终于从加人、加场地走到了加机器、加算法。

图 2　仓库改造后

我们使用数字化技术对供应赛车实现了硬件和软件的改造升级，也带来业务模式的变化，然而幸福感和危机感总是如影随形，数字化技术所带来的挑战给了我们当头一棒：数据量爆炸式增长，全球供应业务的运作信息和风险信息难以实时、准确、全面地汇总、分析和处理，这就像是高速驰骋却少了“仪表盘”的赛车。为了让这辆赛车跑得又快又稳，我们构建了供应链智能运营中心。跨越空间距离为物理世界构建数字孪生，全球的供应情况和风险，甚至搭载华为货物的飞机、轮船、汽车 GPS（全球定位系统）定位信息等，都通过数据汇聚、机器值班、智能分析等手段，实现了信息实时感知、业务聚合协同、风险察打于一体。在这个“仪表盘”背后，全球供应网络正在以“7×24”的模式值班运作，重大风险可以跨战区联合作战，供应赛车不仅又快又稳，甚至开始了确定业务自动化、不确定业务智能辅助决策的智能驾驶。

图 3 供应链智能运营中心

赛车的改造在持续进行中，升级版赛车需要升级版的团队。一方面我们陆续招募了十几名业界资深的“赛车手”，作为供应链业务建模与人工智能的科学家，他们为赛车的升级改造贡献了智慧和经验；另一方面通过数字化改造，每个普通人都可以尝试新角色、新工具，切换模式解放双手，从事更具有创造性的业务设计和优化工作，成为更高级别的“赛车手”。老式赛车变新式赛车，既让业务增长提速，又能给人带来激情。踩下油门，呼啸而过的精彩，只有参与者才能明白。

马拉松团体赛

独行快，众行远。放眼中国区，企业业务有 6000 家渠道经销商伙伴和 6 万家客户。行业场景复杂，涉及政府、交通、能源、互联网、金融等，还有各类大中小微型企业；除此之外，大多行业还涉及诸如电子政务、安全城市、轨道交通等复杂产品解决方案。不同的客户、不同的行业、不同的场景，随之产生了不同的需求，而经销商伙伴能力各有不同，如何构筑良好的供应生态，是一个需要深入思考的问题。

答案总藏在复杂的表象背后，需要我们深入探索，才能有所获。为此，我们多次举办行业供应链研讨会，通过研讨的形式与合作伙伴一起聚焦面向最终客户的问题，推动形成规则和物流一致性的能力，积极构筑朋友圈，拉开了这场供应马拉松团体赛的序幕。

马拉松赛跑不是一味地追求速度，还要追求稳定性和坚韧性。同样的道理，供应能力毕竟不是无穷大，更快的供应能力会带来更高的供应成本，供应货期和付款节奏的匹配也给双方带来更好的资产运营效率。供应链管理的目标，不是追求单点的最佳，而是追求系统的最优。为此，我们建立了 SLA 运作机制，基于互信的、双方认可的协定，我们对渠道经销商承诺货期，渠道经销商对我们承诺付款时间，使得交接棒的过程变得更加合拍和娴熟。为了提升货期的稳定性和竞争力，我们又进一步引入 LT（Lead Time，认证货期）和 LT Goal（业界有竞争力货期）的运作模式，不仅牵引产品货期根据 LT 稳定在一定水平，还要逐渐逼近甚至超过 LT Goal 形成有竞争力的货期。

图 4　行业交流会

但这一套还不能包打天下，上架的商品有热销和爆款产品，这些主流产品受客户欢迎，一定要有超强的供应能力支撑市场，做到不仅卖得好还能供货快。我们一方面将供应资源对齐热销和爆款产品，使这些产品的货期越发具有竞争力，甚至超出客户期望；另一方面还与合作伙伴的“操盘手”一起，分析和把控整体的要货节奏和发货节奏，通过计划协同使供应资源实现高效合理利用。就像马拉松赛跑中的调度人员，通过预判多少运动员会集中在哪些时段跑过补给点，然后精确地按时按量备好补给品，供应静水潜流。

为了让伙伴及客户能够与我们便捷沟通、协同及互动，我们还开发了供应客服体系，任何合理诉求都会生成电子工单，推送给相应环节解决。其中有一单客户反馈让人记忆深刻："第一次华为直销给我们，送货可以上楼，而这一次是经销商销售给我们，送货只到楼下，待遇为啥有区别？"实际上，企业业务的交易模式有两种，一种是华为—渠道经销商—最终客户，还有一种是华为—最终客户。中国区主要是前者，6000个渠道经销商，各自的物流能力多有不同。一个人可以走得快，一群人才能走得远，为了让最终客户有同样的体验，我们发布了总经销商物流能力测评标准，通过测评结果发现重点改进对象，制定针对性的改进策略，积极为最终客户构建物流一致性体验。这样的工作刚开始开展起来是有阻力的，但往往过程越痛苦，结果才会越美好，就像马拉松赛跑。

马拉松的魅力除了能欣赏沿途风景，还能结识伙伴。目标一致、共同奔跑、共同学习、共同成长是马拉松赋予每位参与者最大的乐趣。我们积极构筑朋友圈，以客户为中心的产销研协同一举成为破局良策。2018年，国内客户满意度继续强势领先，海外客户满意度也提前两年达成超过友商的战略目标。我们期待所有的合作伙伴都能更好、更快地跑向终点，一同赢下这场马拉松团体赛。

结语

杰夫·贝索斯曾说过："冲击图书出版业的不会是亚马逊，而是未来。”千万别盯着竞争对手，因为真正的对手从来不是某个个体，而是风云变幻的时代。

棋逢敌手，对面坐的正是时代风云，棋路变化万千、捉摸不定。

落子有声，用数字化技术打造主动型供应链，为2B供应业务带来2C体验！

过于精细化的绩效主义就是熵增

陈浩

【编者按】对于过度精细化的管理，一线可能是感受最深、被伤害最大的。虽说“将在外军令有所不受”，但机关部门都是“婆婆”，远征的将士终究要回机关，“婆媳关系”成了不得不维护的负担。眼见一线将士被各种汇报蹂躏着，“婆婆们”其实也各种不忍，但为了自己的绩效，不得不狠心向下层层传递“割韭菜”的游戏，于是一线成了最终受害者。过度精细化的绩效主义，都是精致的利己主义。

某种角度上，我们可以把熵减简单理解为排除系统中的冗余和无效成分，让系统更加高效运转。

还记得几年前心声社区上讨论《绩效主义毁了索尼》这篇文章，索尼的衰败首先是由于其战略方向的失误，但同时也有其内部管理过于精细的问题。“从 1995 年开始，索尼公司逐渐实行绩效主义，成立了专门机构，制定非常详细的评价标准……”索尼的绩效主义看似非常规范精细，但实际上已经扼杀了人和组织的活力，员工的工作热情、挑战精神、团队精神都在流失，再加上战略的失误，企业怎能不衰败？索尼过于精细化的绩效主义就是熵增。

一、企业规模的上限受制于企业内部的运作成本

以组织为例，随着业务不断成长，组织也会日趋庞大，不知不觉间会催生机构臃肿、效率低下的现象，如果不进行熵减，组织也会处于亚健康状态，甚至最终失败并消亡。正如逆水行舟，如果向前划船的推力小于水流向后的推力，船便会往后退。

公司从创业之初走到现在，管理一直在不断进步，同时管理也越来越细。但企业管理如果过于精细，就很容易导致大家都是"铁路警察"各管一段，只关心自己的管辖范围，而无人关注端到端全流程效益的提升，同时一线主管已经被各路"警察"要求得疲于奔命。

一线代表原话是这样的："这汇报实在是太多了，我根本没有时间出去和客户活动，运营商预算、企业预算、总成预算汇报、利润、内控、LTC、HR 等汇报，从没停下来过，这样真的有点受不了啊。"

看似每个节点都管理得很完美，但为了实现这样的完美，一线需要花费大量时间进行准备，用于准备内部汇报的时间已经远远超过了见客户的时间，这就是组织熵增的现象。

公司在上海会议上提出，"组织要充满活力"，一个充满活力

的组织应该是轻装上阵，而不是负重前行。吕克的调研文章中也写道："对一线作战队伍的作战'无力感'与'焦虑感'感同身受……组织变得不再轻盈、内部管理成本大于作战成本……"如此种种，我们的运作方式已经严重制约了业务发展，而企业规模的上限受制于企业内部的运作成本，再不改进，不仅仅是公司发展会受限，我们还有可能把自己活活拖死，这绝非危言耸听。

二、降低内部运作成本，重在行动

为了实现自我熵减，提升运作效率，降低运营成本，中亚地区部开始了一些熵减实践，以降低公司的管理运作成本。

1. 地区部加大向一线授权，人和事的权力 85% 以上授权给代表处和地区部行业线，地区部 AT 和 ST（经营管理团队）会议时间同比缩短了一半左右，代表处的汇报时间也减少了一半。

2. 简化内部汇报，原则上内部汇报不专门准备胶片，从电脑中调用已有材料或者在白板上画出来即可，提倡 600 字以内讲清楚问题，必须准备胶片的，原则上控制在 10 页以内。

3. 内部会议采取最小范围原则，只邀请最相关的人参加，弱相关的人员可以分时接入，节约大家时间；当内部会议和客户相关的事情冲突时，客户优先、业务优先，内部会议可以委托同事出席。

4. 简化管理，简化流程，精简组织，推行大部制。把平台支撑岗位和销售支撑岗位分别统一整合起来实行大部制运作，把原先一段一段的"铁路警察"合并整合成一支高效精干的运营支撑团队，合并组织的同时审视流程并不断优化。

5. 打造学习型组织，包括线上线下学习、在实战中学习等，主管带头积极学习新领域知识，完成知识更新，向商业解决方案作战方式转型，凡是要求员工做到的，主管都要率先垂范，凡是无法完成知识结构更新的主管，则坚决淘汰；同时大力提拔年轻有张力的干部，每年从国内外高校定点引进 20 名双语应届毕业生（俄英双语、土英双语）重点培养，通过不断引入新鲜血液来激活组织。“沉舟侧畔千帆过，病树前头万木春”，这个行业已经有太多巨擘倒下，有太多惨痛的教训值得我们借鉴。但全世界的通信需求还远远没有被满足，ICT 行业依然拥有美好广阔的前景。熵减不能成为口号，重在行动，持续熵减，下一个倒下的就一定不是华为！

无路可退，
我们的背后就是莫斯科

吴辉

2017 年注定是华为俄罗斯代表处历史上里程碑式的一年。作为华为公司第一个海外代表处，我们迎来了 20 岁的生日。在这 20 年里俄罗斯代表处创造了数不清的第一：第一单海外合同、第一个过亿美元的海外代表处、第一个过 10 亿美元的海外单国，更重要的是我们为公司的海外征程探索了一条发展之路，可以说是厥功至伟的“革命的马前卒”。但这一切，在 2011 年达到历史峰值后戛然而止，接下来是连续 4 年的下跌，到 2015 年时已快跌至峰值时的一半。在这 4 年里，公司整体却以不可思议的两位数的速度快速增长。可以想象，俄罗斯代表处团队经历了多么痛不欲生的煎熬，用冰火两重天来形容也毫不夸张。在团队处于最黑暗、最阴郁、最彷徨的时候，任总指出“俄罗斯华为必须改革，不改革只有死路一条”，并亲自指导了我们的改革。经过两年的结构性调整、方向性调整和思想上的调整，2017 年，在俄罗斯代表处 20 岁的这一年，我们终于重回历史巅峰。如果按相同的经营口径计算，甚至超越了2011年的峰值。

这是俄罗斯代表处，公司在海外的一个孩子，20年成长过程中大喜大悲的故事。作为经历了最黑暗时期也见到了曙光的俄罗斯代表处的一员，我的亲身经历激烈地冲撞着我的思想。借这个机会，我把一些粗浅的想法分享出来。

2000多年前，老祖宗就告诉我们"盛极必衰，否极泰来"。俄罗斯华为的20年正是这样一个切切实实的写照。为什么会这样呢？是什么造成了几千年的人类文明史不断重演着相同的故事？亚里士多德说："在每一个系统的探索中，都存在第一性原理，这是一个最基本的命题或假设，不能被省略或删除，也不能被违反。"那么，不断重复循环发生的规律里面，也一定存在第一性原理，它就是这个规律背后的根因。一个系统越是在"盛极"的时候往往就越是容易平衡的时候，也越容易走向封闭，断崖式的非线性变化越容易发生；反之，系统在"否极"的时候远离了平衡，积极地寻找出路，更加开放，以求生存，反而会获得颠覆式的发展。

2011年以前，俄罗斯华为代表处从无到有、由小变大，一路高歌猛进，是因为正确地把握了当时的市场规律；我们市场的诉求和定位匹配了当时俄罗斯通信业发展的状况。因此，在遭遇2009年经济危机后，短暂的下滑反而迎来了因为需求压抑而产生的爆发式增长。这个增长给我们带来了鲜花和荣誉，同时也暗藏着压力和危机。这其实就是盛极系统所产生的系统性问题：思维模式逐渐僵化，业务趋于平衡单一，运作管理按部就班。这与当时的团队无关，因为过去的极大成功太具有说服力了，再加上我们领先于全球海外国家市场，无经验可学，探索之路必然较长。

2011 年以后，我们有改良，但市场在发生着巨变。运营商市场发展变得缓慢，运营商运作逐渐向西方学习，企业市场在加快 ICT 建设，终端向公开市场和高端市场演进。相比之下，我们的人员逐渐老化，意识跟不上形势。当 2014 年经济危机和政治危机到来的时候，一下子把俄罗斯代表处推到了谷底。因此，盛极系统带来的系统性熵增，让俄罗斯代表处经历了长达四年的寒冬。

冬天来了，春天就不会远。俄罗斯代表处已由“盛极”走向了“否极”。以前的平衡早已无处可寻；再不开放，将无路可走；再不激活，只有死路一条。在公司要求坚决改革的命令下，代表处管理团队悲壮宣誓：“我们的背后就是莫斯科，我们无路可退，我们将承担起公司赋予我们的责任与使命！”如何把代表处做成一个围绕组织人员、业务方向、运作管理三个方面的耗散型系统，成为这两年俄罗斯代表处变革的主旋律。

组织人员开放激活：吐故纳新，激发血性

毛泽东曾说过，“政治路线确定之后，干部就是决定的因素”。主官的责任就是激活队伍打胜仗，慈不掌兵，赏罚分明。人员活力不足，尤其是主官的僵化堕怠对组织的伤害是巨大的，只有去除堕怠落后人员，才能重新激活组织。

或许是因为语言的原因，俄罗斯代表处的本地员工难以与其他区域市场进行充分的人员流动；或许由于俄罗斯代表处已经有

20 年了，渐渐地就出现了人员板结、思维僵化，甚至惰怠等问题。为此，我们必须基于华为的核心价值观统一思想，选择有贡献、有能力、有意愿一起奋斗的同路人。对于长期绩效优秀的人才大胆提拔，对于绩效差、不愿转变思想的人严格淘汰，同时向全球开放干部人才的流动。在近两年时间里，我们共调整了 67% 的干部，破格提拔了 7% 的优秀人才，淘汰了 18% 的落后人员。为了让本地员工更深刻地理解华为核心价值观，我们还专门开设了华为核心价值观的俄语研讨班。

华为不是“以人为本”，而是“以奋斗者为本”。持续艰苦奋斗不只是靠道德和使命驱动，还要让每一个人深刻理解企业和员工的关系，形成不进则退的组织压力与员工自愿迎接挑战的动力。企业和员工的关系是员工凭借自身能力为企业做出贡献，企业基于员工的贡献给予足够的回报，并不断提供更大的机会，让员工进一步提升能力再做出更大贡献、获得更多回报。这就是一个健康的关系，企业和员工螺旋上升，企业获得持续发展，员工能力得到提升和实现成长。因此，每一个员工都必须为企业的持续发展担责，不艰苦奋斗就难有进步，没有进步就没有更大的回报。为了促进企业和员工的螺旋上升，代表处制定了一系列明确的规则，比如 AT 成员考核规则、绩效管理 ABC 规则（基于自我挑战的绩效目标，不进则退）、“非功不侯”的军功制、系统部“双 B”管理规定、代表处荣誉墙等。

通过清晰的思想建设和明确的规则，点燃将士们的内心之火，激发血性，积极进步，增强战斗力。

业务方向开放激活：扩大视野，积极转型

对一个企业而言，在业务方向上保持开放激活最为重要，这是龙头方向。我们的每一个业务选择可能无法做到完全准确，但只要开阔视野，洞悉方向，多交朋友，以开放的心态来对待合作伙伴，长远来看业务方向就能大致正确。

在运营商市场，我们过去主要围绕客户的采购环节卖设备，没有太多去思考客户为什么要买这些设备，如何用这些设备去更好地挣钱。公司批评我们是“卖盒子的小姑娘”。卖盒子的生意做起来比较“舒服”，竞标、抢单、发货，然后回款就完事了，利润率还不错。但市场变了，客户经营困难了，如果我们不能帮助客户真正解决一些买设备之前和之后的问题，客户倒了我们也活不了。因此，我们必须走出业务舒适区，不再做“卖盒子的小姑娘”，扩大视野，积极洞察和参与客户的业务规划和网络运维。通过扩大业务边界，我们不仅收入增加得以生存下去，更重要的是我们帮助客户真正解决了一些问题，同时可以发展新业务，降低运维成本，提升网络质量和用户体验，等等，这极大地增进了我们与客户的合作关系和黏性，也更利于我们进一步改善网络格局，抢夺市场份额。通过业务转型，我们在运营商市场迅速止跌，面向未来构筑了更坚实的发展基础。

由于运营商市场体量大、利润率高，所以过去我们主要还是盯着运营商市场，对企业和消费者市场投入不够坚决。开放地看整个俄罗斯 ICT 市场，虽然运营商经营在下滑，但在企业市场，欧美制裁、东进西退的特殊政经环境变化，对我们而言意味着极

大的市场机会。在消费者市场，我们经过深入的分析，发现俄罗斯并不是我们过去想象的低端市场，而是一个关注品牌和质量的中高端市场，中高端产品的出货占比不断上升，这与我们终端公司的精品战略相契合，市场空间和潜力巨大。不怕做不到，就怕想不到，关键思维要活，眼界要宽。看到了就必须做到，这两年我们加大了对企业和消费者市场的投入，迅速抢占市场，做大规模，抵消了运营商市场下滑给我们带来的经营压力。

当然，业务转型是痛苦的，因为短期内经营效率必然会有所波动，能力差距、伙伴资源、管理水平等都面临挑战。但唯有扩大视野、积极转型，我们才能持续健康地活下去。

运作管理开放激活：改变作战方式，简化管理

未来的战争是大平台支撑下的精兵作战。龙头搜寻锁定目标，龙身反应要灵活快速。作为一线代表处，我们既要构筑深刻理解当地市场和客户需求的能力，又要能快速集结华为公司全球的资源，将喜马拉雅山的水引入莫斯科河，持续滋润俄罗斯。这要求我们必须改变作战方式，构建本地能力，简化运作管理。都说在经营情况较好的时期进行变革更容易，但对我们来说，却不得不在最痛的时期进行变革，有点“向死而生”的悲壮。

面向运营商市场，我们不能再只是简单的竞标打项目了，而是要沿着运营商从商业设计到网络建设，以及从用户体验到网络优化这两个价值流，重新明确系统部、产品部和服务交付组织的职责和能力要求，三个组织形成合力，成为客户的网络规划师和

网络管家。同时我们还率先探索了服务交付融合运作的新模式，构筑最强大、高效的交付与服务能力。我们知道在海外市场，子公司最能够直观体现核心竞争力的地方就是交付与服务能力。

我们认识到，在企业市场快速做大的过程中，必须坚决构建本地渠道体系和行业解决方案能力，否则很快又会遇到“卖盒子”的发展瓶颈。在消费者市场，不能再简单依赖大卖场走量驱动销售，唯有构建本地的品牌和零售能力才能扎根消费者，持续发展。

作战方式的改变必然要求构建相应的本地能力，简化运作管理。在自身人才训练之外，我们还积极引入业界顾问，建立粉丝圈，建设 OpenLab（开放实验室），一杯咖啡吸收宇宙能量。对于不确定性业务尽量实现一站式管控，对于确定性业务尽量通过 IT 系统自动处理。

改变作战方式和简化管理，几乎是每个人都能理解和支持的变革诉求，但难在方案的设计和落地实施。上九天、下五洋，牵一发动全身，细节是魔鬼。变革之路还很长，过程肯定也会很艰辛，但我们相信自己走在了正确的方向上，走在了运作管理逐步开放激活的路上。

俄罗斯最有名的元帅库图佐夫曾经说过：“一团雪不可能一下子融化，存在着一定的时间限度，早于这个限度，任何温度都不能把它融化。相反，气温越高，残雪就越坚固。”他的话告诉我们，既要把握事物的本质，洞悉发展规律，还要有战略耐心和定力。战略耐心和定力，须有对事物本质的洞察、理解和自信。不被预测的增长比符合规律的下滑更可怕。组织、企业及至整个社会最终都会走向消亡，但逆向做功能最大限度地延长生命期限。

重塑组织信任，降低内部交易成本

叶晓闻

财务指标背后的思考

南太地区部2017年是公司全球唯二的订收利现金流正增长的两个地区部之一，换句话说，公司那时在经营上挑战很大。结合实践来说，我们在运营商业务上进入了一个5G前的等待期，当然客户和对手日子也不好过。企业业务进步很大，差距不小，离公司的期望值还有一段距离。在软件、云等新业务上，公司交了不少学费，好像也还没毕业。

财务指标飘红、经营出现困难的背后，其实有一个深层次的问题：一个公司如何能实现长期有效增长、不断提升企业价值？组织和人一样，都有自己的生物学规律。医学的发展使人类的平均寿命不断延长，但始终未能解决最长寿命的突破问题。对于一个商业组织，边界问题的实质是什么？如何解决？这是管理者必须要回答的哲学问题。

科斯拿的诺贝尔经济学奖，核心只有一句话：一个企业的边界，不管是空间上的，还是时间上的，都由交易成本决定。这个观点很深刻，但有个东西没有讲透，究竟什么是一个企业的内部交易成本？怎么衡量高低？又怎么管理？

企业通过组织形态来承载。管理学界认为组织有两个特征：目标一致、合作效率。目标一致就是，你想干这个我也想干这个，所以我们要在一起。另一个是效率，我们在一起比我自己干好，所以咱们得在一起。从这个角度出发，企业的边界问题就看得更清楚了。

组织的扩张自然导致大小组织的目标不一致，从而导致企业的熵值上升。南昌起义剩八百人，目标不一致的早就回家抱娃去了。十多万人的队伍，只能按照分工、职能、流程来划分科层制和部门，这天然就会造成部门利益和公司利益的某种偏离，也树起了部门与部门之间看不见的那堵墙。目标的不一致，导致组织没有了扩张的动力。

变化的环境要求目标与阵型要动态匹配，不开放就没有负熵。形势、环境、客户、对手都是不确定的，唯有变化是不变的。新的战机一旦出现，主帅必须杀伐决断、及时地调整战术目标。技术革命往往会孕育新的打法，也会改变排兵布阵。这种情况下，“势”都会极大地影响“阵”。所以孙子才说，“能因敌变化而常胜者，谓之神”。不匹配，组织也就不成长了。

成功本身会使得团队趋于保守和求稳，思想是最大的熵变量。边疆的扩展，是伴随着胜利而来的。一次次得胜回朝，使得头脑慢慢趋向于相信过往的经验，兜里的金币也使得步子开始沉重起来，队伍失去了饥饿感和好奇心，就会开始思考长期革命的意义。原先持续产生负熵的思想，就会演变成系统的超稳态，而且短期很难被识别出来。

这些问题的放大、纠缠、堆积，就使得一个组织、一支军队、一家公司走到了自己的边界。这些现象，管理者都不陌生。

信任，是一个组织最大的成本

组织本质上是一种结构，这种结构通过契约和信任来维护、发展。广义的契约是可见的，比如劳动合同、组织架构、法定分工、部门职责等等。而信任，是不可见的契约，是一种承诺，是一种信仰，对事业有必胜的信念，对未来有同样的期许，对战友有过命的交情，对组织有坚定的忠诚。

可见的契约，是自然扩展的，是线性的，是可以被量化和衡量的。不可见的信任，就构成了一个组织最大的、可变的内部交易成本。从这个角度说，信任是组织最大的成本。

经营困难、创新窘境、管理复杂、人浮于事等大企业病，本质上看，就是各层级的信任在“交叉下降”，内部各个环节、部门的交易成本在快速提高，组织失去了外部导向，被迫创造更多、更严格的契约、指令、程序和博弈。

上级对下级的不信任，产生了过度的考核，既关注过程也关注结果，也产生了复杂的监管，总希望疑罪从有、证明“为什么你妈是你妈”。业务部门之间的不信任，陷入了产品骂市场、市场骂研发，忘记了共同的大目标是商业成功。平台组织动辄谈模型、谈理论、谈标杆，因为走得太远而忘记了为什么出发，慢慢都变成了精致的利己主义者。每个人都觉得这艘船有问题，都能慷慨激昂地骂两句，不骂似乎不革命，但是都感觉很无力，不相信也不认为自己能改变，只能默默地做“自己认为正确的事情”。大企业病，就是由于信任的逐步缺失，抬高了内部交易成本，失去了组织之所以为组织的“目标一致、合作效率”的应有之义，最终失去外部客户、供应商的信任，走向衰亡和溃败。

重塑信任，让“30 岁”的华为克服大企业病

太阳底下无新事。我们要勇敢地承认我们和别人一样，才能真正有可能走出不一样的路来。结合历史上的经验教训和自己的工作实践，我们探讨一下如何重塑信任，让“30 岁”的华为克服大企业病。

真正划小经营单元，反向授权。郑永年认为新中国的体制是“行为联邦制”，是在坚持一个主义、一条路线前提下的多元结构和反向授权。伟大的老人其实当时画了 5 个圈：汕、珠、厦、深、海，但只有深圳做成了，梅林关的铁丝网换来了自下而上的边缘创新，然后逐步以深圳的诉求来倒推广东省委的工作边界，以深圳的模式来复制沿海经济开发区。

这给我们的启示是，能不能在运营商界面回到做生意的本质，把战略和价值客户的系统部做成真正的经营单元，去除中间不必要的层级，合同在当地审结，不再搞密密麻麻的授权清单，权力真正由系统部反向授给代表处、地区部、公司。未来 5 年运营商

的数量会下降成两百多，若能从一元目标衍生的一元结构，转向一元框架下的多元结构，真正有一两百个小华为，万里江山就还是我们的。

结合实践来说，南太地区部有 28 个系统部，交易客户有 79 个，其中战略加价值客户一共 15 个，贡献了 83% 的收入和 92% 的利润。现在在地总支持下，南太地区部尝试围绕人、财、物这三角真正匹配这些系统部的铁三角。具体来说，从大销售、大交付流程的对接来简化客户的交易界面；通过客户投资方向和财报解读梳理客户界面投入、生成零基预算；拿作业模型和最佳标杆来交叉验证、从业务到人力资源重新配置队伍和阵型。地区部、代表处按照这个模式，真正地转变角色、理清定位、各司其职。南太地区部各项经营指标都为正，背后依靠的是 28 个系统部结硬寨、打呆仗，踏踏实实做生意，做成自主的经营主体。

信息自由，决策透明，监管有序。财经的工作是寓监督于服务，也就是大家常说的“九龙治水”中的一条龙。“九龙”之所以都来你这里，其实是不相信你自己能治好。片面强调业务效率重要，还是强调监管重要，其实是无解的。没有人喜欢摄像头，但是有了摄像头之后，不管它通没通电，犯罪率都会大幅下降。从美军变革历史经验来看，全程可视、指挥及时、介入有据，这就是有效监管的技术化答案。我们呼唤简化监管、提升效率，解题的关键，就是不要把技术问题搞成路线问题。

具体来说，一线财经可以牵头业务线和监管线，通过信息底座的打通、作业过程的公开透明、反馈机制的自由顺畅，建立起华为自己的“安平业务”。2017 年南太地区部申请做基线变革试点，一方面是希望通过基线的完善，来定义场景、革新战法，使数字化运营不再停留在口头上；另一方面也使监管部门学会用“摄像头”，少一些当侦探的冲动，少在过程中干扰作战，减少无谓的耗散和对立。

回归业务本质，对创新要有耐心。高级打工仔，不应该是比自己以前努力一百倍，而是要学会像老板一样思考。我们现在的错位，在于太少人像股东一样对公司的投资结果负责，太多人还是对一段一段的过程指标负责、习惯告诉别人这个业务应该怎么做。主官和主管，说到底最大的区别，是一个对结果负责，一个对过程负责。袁世凯小站练新军，我理解就是一种回归业务本质的创新。袁世凯当时算是上校，忠诚、想冲，有经验、懂业务、能叫得动人。以新业务的特点、模式、战法重新打造一支新军，远远比在老组织中孵化要好。以小站练兵的试点，袁世凯获得了朝野上下的支持和难得的三年机会窗。放开政治意义先不说，这种模式完成了中国近现代陆军的转型。

反观我们现在的EBG、云等新业务，还是担子太重、关注KPI过多，拿一把尺子来量松树和竹笋。建议公司以一个完整的商业周期来看待投入和产出，不要简单唯数字论，别着急发言，给边缘革命一段静默期。小岗村的发展，是和安徽省委以“不表态”作为支持分不开的。另一方面，能不能在新业务推行“上校练新军”，对团队和主管的考核，更多考虑投资回报、利益分享；对队伍和能力的搭建，坚定围绕新打法成建制地建立新军。我们地区部正在讨论，新加坡和澳大利亚的企业老做不开，EBG部长和战略核心NA客户经理能否按3年来考核，也是一种尝试。

公司自成立的那一天起，既对股东负责，也对利益相关者负责，但是最重要的，是作为一个“法人”对自己的价值负责。公司或许不能克服生物规律，但我们管理的使命，就是尽可能高质量地延长公司寿命。重塑信任，坚定信念，不断降低内部交易成本，实现公司价值的长期有效增长，下一个倒下的就绝不会是华为。

个人活力是组织活力和战斗力的基本保障

——提升单兵作战能力的思考

孙希为

我们目前所处的环境，新的技术变革，新的客户习惯，新的业务领域和新的竞争对手，都对我们的单兵作战能力提出了严峻的考验。固有 CT 的思维被 IT 打破，以数据中心为核心的网络架构成为转型的重点，5G 和万物互联趋势下，运营商面临技术和商业模式的双重挑战。同时和客户 engagement（约定）的沟通方法发生了显著的变化，客户关注点从以前我们产品的大容量和多功能，转移到商业价值、ROI、敏捷、生态系统等方面。在新的业务领域，之前的单兵知识结构和技术能力更是严重脱节，例如：运营商市场类似于河钓，是一种垂钓，只需要选择一个合适的钓位，对钓具和水文知识要求不高，聚焦和定力是收获的关键。但是在消费者市场类似于海钓，是一种拖钓，驾驶专用的渔船，使用专业的拖钓竿及相关的钓具，需要掌握鱼群、水文、洋流、潮汐、天气等知识，而且出海的成本很高。和新的竞争对手对抗当中，我们单兵能力不足的弊端显露无遗。比如：国内 BAT，海外思科、惠普、甲骨文、亚马逊、谷歌等厂家把价值建立在连接之上。当我们用固有的基因在给运营商做方案和服务的时候，我们的竞争对手已经开始探讨开放共享的系统、软硬解耦、白牌化、AI 和机器学习等了。

既然外部环境变化对我们的单兵作战能力提出了种种的挑战，那么让我们看看内部单兵战斗力不足的问题表现和根因有哪些。

1. 为什么我们的一大批“老兵”没有成为“牛人”，反而变成了“老鸟”？在一线有一些现象发人深思：首先，“老兵”在自身知识结构上有短板和老化，停留在老的经验积累上，一线客户经理、产品经理、项目经理、工程师等对 ICT 融合的新场景、新的商业模式、咨询与集成服务的知识缺乏掌握。其次，一些核心能力纷纷外包，离业务场景越来越远，缺乏感知力。金一南将军在《胜者思维》中谈道，战斗力靠的是什么？靠的是对技术条件的感知和把握。今天最缺乏的不是理性认识，而是感性认识。缺乏对现代先进装备的感性认识，对枪支，你得摆弄它；对潜艇，你得真跟它走一趟；飞机得坐坐，感觉从空中打击地面、掌控地面的能力。同时一线的“老兵”担负了太多的角色，比如一线产品经理，要掌握几种产品的解决方案、配置报价，同时要维护中基层客户关系，内部需要主导和推动 MTL（市场到线索）、LTC、计划集成、借货、核销、催货等复杂的流程，这些东西的学习和适应都需要大量的时间和精力。

2. 为什么我们的“新兵”和“新人”战斗力提升慢？首先，

我们缺乏通过工具平台和装备使用、持续提高效率和质量的意识，“老人”凭借老经验开发老工具，导致“新兵”没有先进的武器装备。十年前我们是一部笔记本电脑和工具箱，今天并没有发生多大的变化。其次，由于“老兵”担负了太多的角色，补充来的“新兵”自然只能打下手，分到的工作任务缺乏挑战性，简单重复，不受重视。这种现象尤其在海外一线中方和本地员工之间很明显。同时目前的培训内容有大量的条例、制度、碎片化的知识，无法激发员工对某一个领域的知识“博观而约取，厚积而薄发”。

3. 为什么组织“土壤”对提升单兵“种子”的战斗力“不给力”？曾几何时，通报批评、降职降级、劝退辞退的现象天天映入我们的眼帘，面向业务一线的战斗人员危机感陡增，不愿挑战，不敢出错，不敢啃骨头，“客户做熟的，方案做老的，工具用旧的”。其次对战斗人员精神激励不够，精神激励是一种深入细致、复杂多变的激励手段，它满足的是个体的社交、尊重及自我实现的需求。例如中国空军从 2011 年开始采取的授予“金头盔”的做法，是对个体精神激励的一种体现，让没有的人心痒痒，跃跃欲试，让拥有的人自我激发，更上一层，培育战斗精神、提升战斗力。

针对以上诸多问题表现和根因分析，笔者通过理论和实践相结合，基于一些个人经历，提出了几点解决方案供参考：

1. 结合一线业务场景的变化，联合开发和引入工具和装备，提高工具和装备智能化、自动化程度，使“新兵”快速上手，提高单兵的作战效能。2007 年一个美国陆军步枪手的装备价值在 25000~35000 美元，未来为了适应信息化的作战条件，单兵装备价值可能会突破60000美元。由此可见，我们要下大力气对标业界先进的工具与装备水平，找出不足，以开放的心态引入和开发工具和装备。例如：交付ISDP工具系统在这方面做了有益的探索，在和一线联合开发中，将智能手机App运用到工作中，开发了8个交付自动化工具，断点打通，数据进管道（勘测自动化，配置自动化，MR自动化，分包PR自动化，分包PO验收自动化，验收文档自动化，远程验收自动化，开票自动化），通过把操作类和能力类的工种适度分离，把人从基础和重复的工作中解放出来，从而提升效率和单兵战斗力，使单兵“做得快，做得好，做得准”。

2. 贴近实战的作训，8大场景的战略预备队以战略项目为平台，以项目贡献结果为考核标准，驱动训战学员能力转换，提高单兵的作战效能。我们的作训必须贴近实战，金一南将军举过一个例子：为了适应核潜艇长期潜伏水下的要求，保持全球核打击力量的威慑力，核潜艇的官兵从青岛海军潜艇学院日常培养中就改变吃中餐的习惯，开始训练吃汉堡，以适应长期生活在水下封闭空间的能力。公司可以加大战略预备队训战力度，把最优秀的人、最有潜力的苗子加入到训战中，建立学员的能力档案，出入队管理与项目结果以及客户评价挂钩。举个例子：大视频战略预备队印尼大视频项目，一名研发队员通过训战拓展了视野，增加了商业洞察力，出色完成了大视频Video Call（视频通话）商业发布，加速了Video Call商业进程。同时在训战期间，个人输出了9篇优秀案例，提出了7个产品特性需求，有力地补充了公司EM（即时通信软件）市场视频解决方案和商业GTM（上市）设计能力。

3. 通过多元化的方法，让精神激励“看得见、摸得着、听得到”，从被动变成积极主动，从而激发单兵的战斗力。这方面我们可以借鉴健身软件的一些做法，毋庸置疑，健身锻炼是个枯燥的过程，但是健身软件通过设定阶段目标达成点赞、朋友圈分享展示运动效果，团队互相鼓励和监督，使个体的运动热情被点燃。举个实例：南太地区部的Jack模型用于指导售前网规，通过日常工作中的积累和分析，找到了用户数、体验、小区流量三者的联系，是第一个以员工名字命名的模型。创建者获得了任总亲笔签名的三朵云荣誉证书，其个人的发展和成长得到了充分的肯定和认可，并且通过榜样的力量提升了团队的整体战斗力。

综上所述，在新的业务环境下，提升单兵作战能力的要求日益紧迫。战场需要训练有素、被自我激发同时装备先进武器和工具的士兵。提升单兵作战能力就是熵减，每一个个体做熵减就意味着要打破舒适区，要不断迎接新的挑战，只有身体的每个细胞都充满活力，组织器官的功能才不容易退化，才能更好地适应外界的变化，形成面向未来的制胜力。

主官是组织导向熵减的关键因素

左德峰

影响组织活力的因素很多，外部环境的变化，内部的制度、流程、考核都会对组织的活力产生深刻影响。华为过去的成功很大程度上是制度、流程的成功，通过严格的结果导向和充分的物质激励，公司的发展不断取得进步。

互联网和信息技术正使我们的世界变得去中心化，组织也是一样。今天，一个组织的活力越来越依赖于它的每一个细胞。只有让员工的内在驱动力得到充分的挖掘和利用，让他们成为“人”而非“工具”，整个组织才能增加活力，走向熵减。

激发团队的使命感是主官不可替代的独特价值

雇佣军可以打赢一两场战斗，却无法赢得一场战争。雇佣军和正规军最大的差异在于使命感。一个团队的使命感只有靠主官来建立和激发，没有人能够替代。

2014 年以前，公司在竞争上是没有竞争补贴的，但代表处的奖金已经开始按照收入、利润来测算。在一次竞争研讨会上，个别一线主官提出，竞争影响代表处的奖金包和 KPI 排名。一位公司高管拍案而起，“战斗已经打响了，你们还在讨论上和不上的问题”。这位领导的态度清楚地表明了，什么是使命，什么是责任，即便是自己吃了亏也要上。

今天，在代表处层面，奖金分配的计算是跟项目挂钩的。代表处管理团队随时能够知道代表处的奖金分配情况，这对代表处的经营起到很大的促进作用。我们某一基层团队，只有十几个销售人员，也为自己设计了类似的方案，进行考核评价和奖金分配，这样的做法明显存在问题。我们的末梢组织本应该去关注客户，关注战斗，不应该把精力放在数钱上。作为一个基层团队的主官，应该与员工贴身战斗，差异化地评价每一个人的工作。这类管理创新只会助长精致的利己主义，导致没人去攻打“上甘岭”。“上甘岭”虽然不产粮食，但丢了“上甘岭”，就没有产粮的地方了！

主官的信任与授权是组织活力的源泉

有一个合作伙伴的主管，每次见到他，我都感受到火一样的热情，他对工作的投入和激情，远远超出我司员工，他的朋友圈里也充斥着正能量。一次聊天，问起他的收入，我很惊讶，基本上也就是我们一个高级客户经理的收入，出差只能住三星级宾馆。他说，他愿意在他的公司继续干下去的原因是公司对他非常信任，授权也很充分，他感觉到工作很有成就感，他觉得自己只有足够努力，才能回报公司的信任。

由于拓展新业务的需要，这些年，我们从阿里、腾讯招了不少员工，但能长时间留下来的很少，他们离开的最大原因是：在我们公司感受不到主官的信任，基本上也得不到什么授权。主官的信任和授权能使员工获得足够的归属感和安全感，有助于他们在更高的层面发挥创造力。

关键时刻，主官的身先士卒是对团队活力最大的激发

解放海南岛战役中，在完成了上岛准备后，韩先楚亲自率领主力渡海，发起全面攻击。韩先楚的身先士卒坚定了大家的意志，也为上岛后的战役胜利奠定了基础。关键时刻，说“弟兄们，跟我上”远比说“弟兄们，给我上”更有说服力。

我们今天有很多主官，开始把自己从一线的工作中解脱出来，站在背后负责发号施令，悬赏令、任务令漫天飞，胡萝卜加大棒的手段用得非常熟练。“必须搞定”仿佛成了决断力的表现，当一个主官开始只关注是否胜利，而不关注如何胜利的时候，我们面临的风险就越来越大了。

主官应该成为公司愿景和员工梦想之间的桥梁

一个公司要有愿景才能成就伟大，每个员工都有自己的梦想。如果能够把公司的愿景和员工的梦想连接起来，员工的工作就不再是枯燥的付出，而会变得有意义，他的工作也一定会从平庸变

得杰出。

日本的工匠精神让人钦佩，一个寿司可以做到几代人传承，如果不是因为心中的热爱和执着，怎么能坚持下去？阿里“小二”们的工作并不轻松快乐，但想着在为“天下没有难做的生意”做贡献，他们的工作就变得有意义。

公司的业务每天都在变大，我们员工的工作越来越细化。一个产品主机软件动辄有千万行代码。一个程序员写的代码在里面实在微不足道，很难让他找到成就感。主官应该成为牧师，告诉员工，他们所搬的砖头是用来修教堂。只有当工作有了意义，员工才能迸发出更大的创造力，组织才能更有活力。

主官对组织的影响远远不止以上几点，一个优秀的主官能够显著地影响一个团队的性格和活力。正如电视剧《亮剑》中李云龙在其论文中所说：“任何一支部队都有自己的传统和性格，这种传统和性格是由这支部队组建时首任军事首长的性格和气质决定的，他给这支部队注入了灵魂。从此，不管岁月流逝，人员更迭，这支部队灵魂永在！”

今天，我们很多人都在抱怨，流程、考核、部门墙等消磨了组织的活力，熵在增加。但单纯的抱怨，不会让组织导向熵减。我们都是主官，我们自己也是影响组织活力的重要因素，甚至是最重要的因素。让我们切实地担起主官的责任，用实际行动影响和改造我们自己所负责的团队，让组织走向熵减，去迎接一个又一个的胜利！

一切管理瞄准熵减

吴伟涛

任总将热力学第二定律从自然科学引入社会科学，是对管理学理论极其重要的丰富和创新，给管理实践开拓了全新的思路。

用熵的理论看世界，宇宙就像是一部双向运行的自动扶梯，一边是向上运行，是熵增，通向无序和死亡；一边是向下运行，是熵减，通向有序和新生。无论是人还是企业，自诞生就站在向上运行的扶梯上，而管理，就是要瞄准熵减的力量，让站在向上运行扶梯上的人和企业，时不时往后退几步，尽最大可能更晚抵达终点。

快速熵减：主官带队打胜仗

很多人问过我，带一个团队，最先抓什么？我的答案是导向。在一线，代表作为主官，应该是最熟悉市场、最熟悉业务、最了解主要矛盾、最能掌握战机的人。而在一线组织中，代表能否树立正确的导向——导向冲锋、导向选择正确的干部，本质上就是让组织从无序到有序，不断做熵减的过程。

记得 2009 年我到阿曼苏丹国（以下简称阿曼）做代表，面对的是外部客户投诉不断、满意度低、内部员工互相埋怨的局面，我们的服务跟不上，交付质量难保证。现在看来，这是熵增到了即将局部热寂的程度。

怎么办？管理千头万绪，很重要的一点是队伍的意愿，也就是队伍愿不愿意打仗。战略战术千千万，首先要敢打。又怎么解决敢打的问题呢？首先是打一场胜仗。于是我们决定，自己描述一个战场，把压力传导下去，团队一起打赢一场胜仗——跟阿曼电信组织一场高层峰会，只给 15 天的准备时间。

时间紧、任务重、不确定因素多，代表处几乎所有的人都自然而然有序地动了起来，跟客户沟通、跟机关沟通，确定日程、场地，嘉宾邀请、议题安排、材料评审……敲定各个细节。那 15 天，整个团队憋着一股劲儿，每天干到凌晨三点，大家和我一样，都太期待一场胜利了。

然而，就在峰会召开前一天，阿曼电信的 CEO 打来电话，称其家中突发急事无法参加峰会。面对这样的意外，我们仍然坚持不放弃，又反复跟客户沟通，阐明这次峰会在如此关键时期，对双方合作将产生的关键价值，最终，阿曼电信的 CEO 还是专门抽出时间参加了峰会。整个峰会取得了胜利，双方合作迈上了全新的台阶。

用一场胜仗，组织完成了一次快速熵减。峰会后，代表处团队的精气神、秩序焕然一新，群情激奋。而我们的新面貌也传递给了客户，合作点不断增多，阿曼电信后来在一段时期内，成了整个区域利润贡献最大的客户之一。2015 年我离开中东的时候，员工还把 2009 年峰会的照片送给我作为纪念，而阿曼电信的 CEO 也将这次峰会的照片一直摆在办公室里。

给负熵更多机会，负熵将还你更多惊喜

将我们的组织打造为低熵体，给负熵更多机会尤为重要。负熵可以是年轻干部、外部专家，也可以是新的思想、创意、商业模式、作战方式等。打造低熵体的前提是开放，炸开人才顶端金字塔，营造负熵聚集的罗马广场。

2011 年我刚去沙特阿拉伯（以下简称沙特）工作时，面对的是代表处“双负”，客户交易模式非常复杂、竞争异常激烈的情况。组织运作无序，被人戏称“百老汇”（白天老开会）和“夜总会”（夜里总开会）。不少人疲惫低效、心思动荡，加之环境艰苦，渐渐萌生离意。

这种状况必须扭转，我们树立了两个明确的目标，短期内让沙特成为地区部最赚钱的代表处，长期要把竞争对手从市场中清理出去。

引入负熵重构秩序，加强组织队伍建设是实现目标的关键，关键中的关键在干部。但是到哪去找那么多经验丰富、成熟的干部？一味向上要是不现实的，我们就往下看，管一层、看一层，识别在一线作战中善于思考、敢于担责、能够胜利的年轻人，大胆地提拔到关键岗位去，这样很快建设了队伍、激活了组织。

这批干部大多数都是80后的年轻干部，现在回头看，是一批关键负熵，对组织起到了明显的熵减效益。对这批年轻人的破格提拔和任用，对于代表处团队建设起到了重要的作用。不久后，沙特代表处建立了有序的管理体系，业绩快速上升，2014年也把战略竞争对手清理出场。这批80后年轻干部，如今不少人都已走上了代表的岗位。

深入一线，打造自我革新的低熵体

在机关人力资源管理岗位的工作经历，让我对“人力资源政策要朝着熵减方向发展”深有体会。通过不断吸引优秀人才的加入，提升内部人才市场运营，激活了组织，激活了个体。

离一线越近，越利于打造耗散结构个体，激活自身负熵。到东南亚地区部工作以来，我们要求主管和专家多去一线代表处、进项目。我自己也用65%以上的时间去各代表处出差，见客户，参与关键项目，深入跟骨干员工交流，脚沾泥，不断形成和更新自己心中的作战地图，形成正确的假设，辨别出大致清晰的方向，部署好资源、能力中心，正确决断业务和激活组织。

同时，离一线越近，才能抵近鉴定，发现更多的“满广志和向坤山”。要以开放的胸怀去识别和发现一线中的“满广志和向坤山”，敢于破格提拔，激励先进。让这些真正的英雄，打响一次次“老山战役”和“朱日和红蓝对抗”，在这一场场战斗中，实现一次次熵减，再将这种精神和作风不断强化。

总之，管理的终极目标，是要打造一个可以自我革新的低熵体。要让管理思想、管理制度、管理者，自觉向熵减演进，使整个组织可以不断自我革新，保持低熵状态。这其中，可以思考的具体角度还很多，比如改变作战方式、简化流程、激活个体等等，值得我们不断去探究。

为业务创新注入新活力

段爱国

困惑：回不去的研发速度？

2015 年底，我从市场体系调到产品和解决方案体系。怀着对高效研发、敏捷创新的梦想，我期待在自己管辖的产品领域内大刀阔斧，做点新东西出来。

可现实比想象中要复杂很多。几次努力尝试后，我还是发现，新产品立项周期长，讨论多，决策慢；产品开发不敏捷，协调多，无论特性大小 × 个月的刚性开发周期无法改变；大家不敢提新想法、不愿做新产品、不愿碰新业务……比如，我曾想抓住专线市场发展的契机，快速推出一款 CPE 产品，抢占精品专线新业务。我原以为选拔几个人，组成一个特战队，奋战两三个月，肯定能够拿出产品。可当工作安排下去之后，各层主管的回馈都高度一致：要想符合流程、保证质量、保障供应，同时还要具有成本竞争力的话，即使是做一款最简单的 CPE 产品，工作量也得需要

×××人月，且开发周期也得需要至少 9 个月时间……我不接受，提出可以裁减流程，特事特办，要求重新评估，但再次评估后的工作量变化仍然不大。

老一辈的研发人常说：想当年，我一个人同时开发 5 块单板；想当年，我一个人写完一个算法……可为何刚过而立之年的华为，就已经不再敏捷了呢？曾经的研发创新活力和速度，我们还回得去吗？

18 世纪德国浪漫派诗人诺瓦利斯曾经有过一个比喻："哲学就是怀着乡愁的冲动到处去寻找家园。"立足当下，向前看，我们的研发如何才能重新高效起来？面对不断涌现的新业务，如云、AI、物联网、AR/VR（增强现实 / 虚拟现实）等，我们的研发如何才能快速创新、快速抓住机遇呢？

根因分析：研发体系已被"流程场"所影响，创新土壤呈现盐碱化趋势

公司在 30 年的成长历程中，通过持续的管理变革，构筑了一套相对完善的流程体系。"流程遵从优先导向"实际上已在内部扎根。强调流程遵从，提升大平台作战效率，提高投资收益率，有效管控风险，确实为公司持续的商业成功起到了保驾护航的作用。

但仔细分析，"流程遵从导向"影响下的传统投资决策模式，在需要快速发展新业务、抓住新机遇时，出现了 5 大问题：

1. 流程节点多、决策慢，无法快速响应外部变化。

2. 现有流程，"管"和"控"的痕迹比较明显，内部问题关注

多，对外部环境和信息的变化不够敏感。

3.“集体决策”成为业务决策的主要形式，“木桶效应”发挥作用，导致决策结果平庸化。

4. 以“管理决策者”代替“市场选择”成为当前核心问题。管理者们因为对现状的固执、对既得利益的依恋、对历史经验的谜之自信，导致某些创新想法在层层上升决策中被层层过滤。

5. 流程优先思维，导致员工个人虚无化，存在感弱。面对外部的变化，员工即使有想法也不敢提出来，“自由探索的灵魂受到扼杀”，创新失去土壤。

以研发体系为例，流程的推行和执行，无形之中在体系内构筑了一个以流程遵从为先的“场”，这个“流程场”对内部问题关注多、对风险关注过多、对投资收益比强调过多，创新土壤开始逐步盐碱化，这就是“回不去的研发速度”的根因。

思考：面向数字时代的新业务发展，如何才能破局突围

当下，商业环境最大的变化是全社会已经逐步从工业时代挺进数字化时代，公司也已明确提出要“成为数字化时代的使能者”。

数字化时代呈现几个显著的特点：（1）信息和数据本身，变得越来越重要；（2）节奏加快；（3）场景差异化大，没有标准、需要试错等。有学者明确指出，数字化时代的本质是人类个性化的、精神世界层面的需求得到张扬；而工业时代企业的本质则是通过优质的商品来满足人类物质世界层面的各种刚需。一个侧重

物质世界，一个侧重精神世界；一个侧重规模化，一个侧重个性化，时代的差异显而易见。

公司未来的5到10年，一定还是传统业务（具备明显的工业化时代的特征，如运营商客户管道类产品）和新业务（具备明显的数字化时代特征，如云、AI、物联网、AR/VR等）并存发展的局面。

公司当前的管理体系实际上是工业时代管理精髓的集大成者。在传统业务领域，在现有管理体系和流程框架下，沿着“简化流程、简化管理”的方向坚定地往下走，相信我们即使遇到困难，依然可以笑到最后。但在新业务领域，如果只是在当前流程框架下做“减法”，恐怕远远不够！

《华为之熵，光明之矢》一文中提到，一个生物能够不断进化的核心不是越来越强壮、越来越聪明，而是能不断适应变化的环境。公司要在数字化时代的浪潮中快速适应环境，继续披荆斩棘，有三个问题必须正视并快速着手解决：

第一，要从外向内看，积极了解自己未知的领域，不断寻找外部信息。要聚集信息，加快分享信息。了解环境才是适应环境的基础。

第二，要在新业务领域的投资管理模式上大胆创新。在组织的设置、创新管理的理念上都要敢于破旧立新。唯有敢于挑战传统的根深蒂固的理念，才有可能继续昂首前行。

第三，要真正把“人”作为数字化时代的管理核心要素。唯有充分激活员工的自由的灵魂，才能真正抓住数字化时代人类精神世界的最本质需求。

建议：在新业务领域，以外部为导向改变投资决策模式，为创新注入活力

在数字化时代，外部信息的获取对企业的投资决策和有效管理至关重要。因此，企业必须重视对外部行业、竞争、客户以及趋势的及时掌握，加快外部信息的更新频率，并且加快分析和分享。强调外部信息的输入对投资决策的牵引价值，就是“以外部为导向”。具体提出以下几个建议：

首先，建议成立“集团信息部”。加快对外部信息的获取、分析和分享，真正把外部信息的获取作为公司的战略工作来抓。唯有时刻保持对外部环境的敏感，才能快速适应环境。

研究表明，信息越集中，创新就越有活力。信息的快速分享和流动，本身就能产生生产力。当下优秀的互联网公司、美国国防部等，都有成熟的“信息战略”。

其次，建议成立“蓝军产品部”。由 IRB 授予独立预算和决策权，可以面向新业务场景开发产品化的解决方案，不仅仅只是停留在研究和分析阶段，真正落地任总曾经提出来的“蓝军实体化”的战略构想。

1. 由“蓝军产品部”负责在集团层面例行征集、挖掘新的创新想法。创新想法一经采纳，及时奖励。这才能真正营造“自下而上”的创新氛围，改变“流程场”，打造“创新场”。

2. 用小而精、低成本的理念，为选定的新业务、新想法快速组建团队，支持团队直接开发面向新业务场景的创新产品化解决方案，直接面向一部分细分客户。唯有产品化，才能真正快速响

应市场。就像腾讯公司的微信团队，如果限制张小龙只能研究而不能做产品，那么今天的“微信”可能也就不存在了。

3. 给予“蓝军产品部”在公司范围之内调兵遣将的绝对主导权。加速人员流动，快速集结、匹配资源。这样也会有利于打破公司内部超稳态的组织困境，加速流动，激活组织。

4. 导向“速度高于准确性”。不为创新团队预设明确目标（面向未知业务，往往无法做准确规划），只要求“方向大致正确”，抛弃精确财务分析。鼓励大胆试验、先试先行、迭代开发和优化。

5. 授予流程选择自由权。可以根据业务特点，自由评估、选择合适的流程，不受现有 IPD 流程约束。

6. 为每个创新团队配备一名有相应资质的“创新指导员”（类似于代表处“子董”的角色），优化创新开发的过程管理。同时，让新产品、新方案的立项决策在三层以内闭环（团队领导者—创新指导员—蓝军 IPMT），使其能快速反应。

7. 独立于现有“P&S 体系”，但建立一定的沟通机制。比如“P&S 体系”对“蓝军产品部”的立项和开发进展有完全知情权；对于“蓝军产品部”投资孵化的技术和产品模块有借鉴、调用的自由选择权等。新机会取得一定成功后，经由 IRB 决策，可将新业务重新并入“P&S 体系”，导向“做大、做强”，但要继续保持新业务的流程体系独立，并入后可逐步优化，但不简单套用 IPD 流程。

“蓝军产品部”的设立构想，就是在公司内部成立一支“不沉迷于现有业务场景，不固执于既得利益，敢于打破条条框框的约束，富有雄心且聚焦于新业务、新产业开拓”的独立部队。为新业务的发展构筑一个“创新场”，用创新的投资模式打造公司“新业务的孵化器”，成为公司在面向数字化时代转型的最前端触角和创新先驱。

最后，在文化上要进一步鼓励“集体主义下的个人英雄主义”，强化信任、尊重、宽容的文化，鼓励试错，“激活每一个自由探索的灵魂”。

在新业务的创新上，不确定性大大增加，谁也没法保证一定会成功。要在文化和激励上，鼓励从事新业务的员工大胆尝试、大胆试错、快速迭代。成功了，就是英雄。失败了，总结经验，也可以快速转身、重新投入战斗。

结语

进入数字化时代，外部环境瞬息万变，公司业务也纷繁复杂。没有一剂良药可以包治百病。

在不颠覆式地改变传统业务现有模式的基础上，公司如果能在新业务领域首先甩开包袱，采用新的投资决策模式，就能既加快对新业务发展的响应，又激活公司整体创新环境，同时还能反过来对传统业务的简化和优化带来触动，个人认为是个“一举多得”的好办法。

“让一部分人先富起来”，“先进带动后进”。业界很多公司（如脸书、谷歌、苹果等）已经有成功先例，华为也应快速行动。

唯有希望，
生生不息

宾云松

志向和热爱是伟大行为的双翼

十几年前，作为刚刚走出校园的学生，我对未来很茫然，但我也知道 ICT 行业无疑是未来的发展方向，就像今天我们看待云、IoT（Internet of Things，物联网）、AI 一样。楼上楼下、电灯电话的现代生活对山区走出来的孩子来说只是理想，在大学里我还只能用公用电话与家人联系。通信专业毕业的自己看到的一方面是极为不便的通信时代，另一方面是产业的七国八制。我刚刚加入华为时，公司的理想是“依靠点点滴滴、锲而不舍的艰苦追求，使我们成为世界级领先企业”“雄赳赳气昂昂，跨过太平洋”“上甘岭在你心中，无论何时何地都可以产生英雄”，这些理想鼓舞着我们加入华为，奔赴每一个平凡的岗位，建立伟大的事业。一个有朝气的组织首先有伟大目标。作为基层员工的我们并不理解伟大背后的磨难，也不清楚世界级的领先企业都是如何领先的，但毫无疑问的是我们都被伟大的目标鼓舞着加入了华为，并不断前进。

今天，运营商业务作为公司的基础业务，进入成熟周期，华为在供应商中的份额基本稳定在第一的位置，在世界500强的榜单排名也持续攀升。那么，我们是不是已经成为世界级的领先企业？我们未来的理想在哪里？是否是销售收入达到700亿美元、800亿美元、1000亿美元、2000亿美元？是否数字增长成为我们唯一的追求？对数字单一追求，带来的是KPI成为相互制约的工具而非牵引前进的指挥棒。缺乏远大而激动人心的愿景，对未来的迷茫，是一个组织失去活力的根本原因。

伟大的愿景成就伟大的事业。对于加入公司的新鲜血液们，无论是70后、80后，还是90后，都希望与公司共同成长，所有的员工都希望有一个远大的理想，更好与世界联结的愿景，希望看到“方向大致正确”的战略。我们要成为包括云、IoT、人工智能在内的先进技术在ICT行业的践行者；我们要致力于一个大型组织敏捷的转型，成为比能跳舞的大象更优秀的企业。在大致正确的方向下，我们要百花齐放、生机勃勃。我想这就是鼓舞我们前进的力量。对于高层管理者、商业领袖与专家，其使命就是建立起长远的战略思维，仰望星空，寻找那一缕微光，并带领团队一往无前。正如托尔斯泰说的：“理想是指路的明灯！没有理想就没有坚定的方向，而没有方向，就没有生活。”

大自然物竞天择，跟不上外界变化的物种已经消亡殆尽。生物体本是一种极不稳定的结构，应会不断地产生熵而自行解体，但生物体作为一种开放结构，实际上反而能不断自我完善。那是什么激励着生物去保持自身系统的稳定与发展？我想生物无一不是追求着自己的繁衍生息，这就是生物体与生俱来的使命，激励它们不断从环境中吸收能量和物质，生生不息。

“员工只有认为自己在创造价值才有积极性”

大公司总被诟病的是平台臃肿而低效、决策流程冗长、表面文章、官僚文化，越来越多的熵增。而我们希望熵减，希望简化管理，活力创新，实事求是，深入一线，勇于担责。这些反差来自哪里？我们应该做点什么？

最近看到《世纪大讲堂》上许成钢教授的演讲，他谈到国家创新机制，我深以为然，不妨参考借鉴。最为根本有效的国家创新机制是保障自由与利益的法制，是市场化的资源分配机制，是成熟的金融资本市场，是教授治学的大学体制，计划体制下的创新与群众运动式的创新效力是最低的。回顾我国改革开放的几十年来，我们到底改革了什么？肯定了民营经济、私营经济的合理存在，实行了按劳分配的分配方式，根本上是计划经济体制向中国特色社会主义市场经济体制的改革。政府如果没有关注法制环境的建设，没有关注维护市场自由竞争、资源自由流动，而是插手微观的企业管理与经营，那必将导致资源非市场化地错配、整体效率低下，扼制创业的激情与创新的氛围。

我们常说“流程是优秀实践的总结”，通过流程方法把业务做得更高质高效，流程就是业务。而制度则是规范了权力、资源、利益的分配原则，制度本身并不应具体管控作业流程［违反法律法规要求除外，包括 BCG（商业行为准则）、EHS（健康安全与环境一体化的管理）、网络安全与用户隐私保护、公司财报、税务合规等］。对于一个企业来说，如果混淆“流程建设”与“制度建设”的区别，企业就会在流程建设越来越完善的同时，责任却越来越分不清，就会看到形式遵从，实质惰怠。简而言之，制度设计不匹配时，三个和尚没水喝。我们更应该关注基于流程的授权责任体系建设、面向战略的资源分配机制建设、项目制为基础的获取分享制的机制建设。制度，更需要与时俱进的变革；而流程，应持续运营优化。具体我有如下思考：

基于流程的授权责任体系建设包含两个方面，一个是向一线作战单元授权，另一个是赋予流程设计与运营者责任。

向一线授权就要真正落地项目制运作，是对项目经理授予人权（人才资源的选择权、评价权、奖金分配权）、财权（预算控制权）、事权（业务决策权）。项目资源由预算控制，有效地建设起各类项目财务授权体系，反向驱动建立起人力资源买卖的市场化流动机制；项目组长能够真正快速决策；项目组评价时，同时评价项目目标达成与相对预算的自我改进；项目的价值分配落实项目奖与获取分享制。这里要强调的是对“授权”的理解：主管向下授权后就失去了部分权力。英国光荣革命的最伟大之处不是革命，而在颁布了《权力法案》，限制了王权，从而带来日不落帝国的辉煌。主管在授权给一线后，发现问题应该通过监督权力使用和优化制度来解决问题，而不是直接插手改变结果。授权与对授权的监管应成为制度规范管理。希望我们的主管都能对下属说“放手去做，做出成绩来是你们的，责任我承担，但是不要造假，不要贪污”。向一线授权、落实项目制运作，明确授权制度，将极大激发基层的创造力与活力。“员工认为自己在创造价值，积极性就会很高，如果员工认为只是某一个人在创造价值，积极性就会丧失。”（任正非在 1999 年答新员工问）

赋予流程设计与运营者责任，也是给流程设计与运营者创造价值的肯定，确定性业务更需要创新。KCP 更多不是要管控风险业务能不能往下流，而是判断业务是否在主航道上、能否识别并管理风险，更是规划建设好河道两侧的堤坝保障业务流向正确，航道通畅，百舸争流，要做的是纠偏与加速，并不是截流，这就是我们所倡导的不能简单说“不”，而要提供解决方案。我们希望的是创造性的流程建设与运维，或许我们的流程体系可以率先采用 DevOps 开发模式来运营我们自己的流程。制度建设上更应该关注我们的流程设计者与运维者是否在履行职责，而从项目结果来评价流程的价值。以销售服务体系主流程 LTC 为例，各 PC 责任部门 CCFM、销售管理、行销业务管理、交付 PMO（项目管理部）、质量运营部、总经理办公室等应承担起流程运营优化职责，部分代表处试点的 PO Office（订单管理办公室）就集中了流程上的 PC，效率更高，可以赋予更大的责任。如果能以经营结果和经营质量考核，接受项目组对流程运营部门工作绩效的反向评价，流程建设上坚持“小改进，大奖励”，这将会极大激活流程运营组织各级士官的创造性。

既有自上而下的战略投入，也有自下而上的自主创新

但凡谈战略预算，就需要考虑上层组织的战略目标输入，而

一线面对上层的战略目标有多少是积极主动、符合本领域当前实际的，这需要打一个问号。目前公司战略财务预算、战略预备队资源采取中央管控机制，其实一线更多的是在利用公司战略资源去解决短期的经营问题和人力短缺。我们更希望的是既有百花齐放的“自主创新”（包括困难市场的突破），也有公司选择性进行“战略投入”，这两者应该是并发的。

如果一线有新想法，却难以层层说服各层主管获得资源有效投入，主管们考虑到当期考核压力，不愿意真正投入资源到创新和变革或是啃硬骨头项目，这就是精致的利己主义者。他们得到的评价将会是“能抓住当前主要矛盾”，而不会有人关注真正的长期战略发展与未来风险。这必然导致中层管理者越来越现实与短视，逐渐失去创造力。这也有“例外”，就是完全对标上层组织要求，这个时候既能得到实际资源支持，也能获得良好评价，但是这就导致中层管理者的唯上主义，并且缺乏战略思维的锤炼。

公司希望主官是敢于担责、具备企业家创业精神的。我们不妨看看国家机制，政府一方面在鼓励“双创”（创新、创业），另一方面在逐步规范资本市场。资本市场对创业者有多轮投资的机制，投资人在投资决策时要看投资项目对上一轮投资时的承诺兑现情况。而对于一个公司来说，亟待探索一套上下协作的战略及创新的制度，一线组织的战略预算一定要以项目为基本单元，以区域预算为例，比如地区部、代表处清晰规划战略预算的财力与人力的比例，督促落实执行“自己的战略预算”，按项目周期评价“自己的战略目标”执行结果，挤一点有限的自有战略资源来做点“天使投资”，做出结果再来说服公司逐步自上而下穿透投入战略资源，这样会更容易实现。减少通过汇报概念来获取投入，比如，由系统部掌握的客户回馈、客户资源倾斜，由 JIC（美国接头工业协会）掌握的创新预算等等，就是非常有效的由一线投资的“战略预算投入”方式。上下同欲者胜，适当根据经营情况配比面向战略与创新的财务预算、人力预算，能在上下战略对标中有一定灵活度，组织将更为灵活而又有弹性，也能激发一线主官的责任感和创造性。

融风险控制于价值创造

自古以来富贵险中求，BLM（业务领导力模型）中业务设计模块明确定义了风险管理与价值获取同等重要，风险与价值就是一个硬币的正反两面。在一次预算会议上，郭平讲道，公司关注的高风险国家收入利润贡献反而好于低风险国家，为什么呢？以汇困国家（外汇匮乏的国家）为例，汇困是所有企业面临的外部高风险，如果我们建设好汇路和创新交易模式，就建立起了相对其他对手的根本竞争优势，也就能获取超值的回报。再比如，欧洲市场网络安全与数据隐私保护是华为面临的长期挑战，管理好这个风险，也就能与西方对手肩并肩，拉开与恶性竞争对手差距，避免了同质化低价竞争，也就确保了市场份额与良好利润的获取。真正的企业家都是在风险中嗅到机会并通过商业模式的创新、技术的创新、管理的创新成就事业，当更多中高层有了在风险管理中获取价值的实践，就会产生更多的商业领袖。

信任是创新活力的保障

过去 100 年经济发展最快的是美国，其次是欧洲、日韩等，再次是中国等发展中国家，这与法制的发展成熟度高度匹配，各种法规维护了社会公平，保障了利益相关人的权益，人们可以自由地去创新、发明、创业、投资。法律保障人们的权益，伸张正义，而正义根植于信赖，信赖源于透明与可追溯。

心声社区里的《华为到该炸掉研发金字塔的时候了》一文中提到华为公司的两大基因，一个是基于不信任的管理，一个是组织复杂、各自为政。而实际上，公司也更担心不可预见的风险与漏洞。不信任与信任都是双方向的，这就是互信机制。

华为最早阐述的核心价值观及管理思想的书是《华为基本法》，无论是否是真正的法规，《华为基本法》都无疑极大地强化了每一个员工对公司的核心价值观、管理思想、高管的信任，也稳定了一个价值分配体系。以客户为中心，还不让雷锋吃亏，这就极大地保护了全体员工的积极性。同时，公司的业务与组织较当前更简单，员工的行为较为容易地被评价与被监督，这样双向的信任更稳固。大公司的业务规模越大，组织越复杂，流程越繁多，就越难以透明，责任就越难以追溯，也就难以建立稳定的互信。而基于自律与信任的管理将是最简单的，但这需要一个透明与可追溯的机制建设。

公司三层防线的监管体系的建设目标是提升土壤肥力，多打粮食，与业务目标一致。而我理解这绝不仅仅是单纯管控风险，也要监督行权的质量，保障一个稳定的价值体系，建立起员工、一线主官、公司之间透明互信的机制。信任的氛围是创新活力的保障。监督体系建设我更愿意将之称为信任体系建设，这将能给予管理层向一线授权的信心，同时受信任的员工也能充满创新的力量与担责的勇气。

耗散结构，就是要保持动态非平衡态的势能，对内部组织的熵增的减缓也是熵减。与时俱进的制度不断变革，不断打破平衡，保持势能差，激发基层员工、各级主官、各级士官、高层商业领袖，每一个人都能找到创造价值的方向与动力，信任他人，也被信任着，就能够让我们的组织始终保持高昂的斗志并具备强大的战斗力。

开放，需要一颗柔软的心

显而易见的是，一个耗散结构如果没有开放地与外界交换能量，必将走向死寂。开放是什么？

通常的理解就是迎进来，走出去。但是，知易行难，我司历史上的黑寡妇、狼群的形象，似乎与开放格格不入，核心价值观是“以客户为中心，以奋斗者为本，长期坚持自我批判”，也似乎没有开放的字眼。但是，任总 2009 年的讲话主题是开放、妥协、灰度，开放进取是华为核心价值观重要部分。一杯咖啡吸收宇宙能量，更是豪迈的开放宣言。

那么我们如何才能开放呢？公司内常常有些贴切的词，比如抓手。我想，如果做到开放需要一个抓手，那么这个抓手就是培养自己的同理心。培养自己设身处地地以他人立场思考问题，能进入他人角色、状态，感同身受，也就更容易理解别人。

以客户为中心，要带着同理心去倾听客户的声音，踩在客户的鞋子里走客户走的路，发掘客户的痛点。从客户的利益诉求出发，为客户创造价值，从而获取支撑我们生存的商业利益。亚当·史密斯告诉我们，必须诉诸于他人的利益来填饱自己的肚子。这本身就是开放的最佳实践。以奋斗者为本，要带着同理心去理解人的本性，唤醒人的精神。公司以物质激励和精神激励、机会激励和自我激励，鼓舞一代又一代的华为人前赴后继，吸引各领域的人才或加入、或合作，共同探索未来，创造价值。自我批判，则更能体现开放性。开放自己的胸怀，勇敢面对自己的不足，就像电影《大话西游》里至尊宝对紫霞仙子说的“我很丑，但是我很温柔”，让紫霞仙子流下了眼泪。以自省的真心面对人生，就能获得勇气与力量。

让我们有一颗柔软的心，能够感知世界的心，让我们张开眼睛看到鲜活的现实，让我们用耳朵倾听不同的声音，让我们张开双臂拥抱多样的人才，让胸怀容纳世界，让思想探索未来。开放的精神融入我们的血液，就像榕树的气根，从空气中都能汲取水分与营养，才能让我们更茁壮成长。

一个拥有希望与使命感的组织，一个坚持开放与自我批判的组织，永远不老。有这样一句话：“有信仰就年轻，疑惑就年老；有自信就年轻，畏惧就年老；有希望就年轻，绝望就年老；岁月使你皮肤起皱，但是失去了热忱，就损伤了灵魂。”让我们用自己的青春点亮无悔的人生。

百家争鸣篇

第三部分

热力学第二定律和耗散结构

严大东[①] 狄增如[②]

【编者按】任正非利用熵和耗散结构做了企业管理哲学的隐喻，那么熵和耗散结构在科学上的本义是什么呢？下面这篇文章为有兴趣追本溯源的读者做了一个深度解读。

热力学第二定律

历史回顾

18世纪下半叶，以蒸汽机为标志的第一次工业革命开始。尽管那个时代人们还搞不清热的本质，但各种实用的蒸汽机却不断被发明出来，并应用到实际工作中。那时候人们普遍关心的问题是，什么样的工作物质以及怎样改进结构才能提高热机效率。

这时候一个年轻的法国退役军人出现了，他就是卡诺。他另

① 严大东，北京师范大学物理学系教授。
② 狄增如，北京师范大学系统科学学院教授。

辟蹊径，提出了著名的卡诺热机。卡诺热机是工作在高温、低温两个热源之间的可逆的理想热机。与众不同的是，卡诺所关心的是热机的效率问题。卡诺病故一年后他的遗作《关于火的动力及适于发展这一动力的机器的思考》于1824年出版，书中指出了工作在两个热源之间的不可逆热机总是小于可逆热机的效率。这一论证基于一个显然的事实，即热不可能自发地从低温物体传到高温物体。这一论断被后世称为“卡诺定律（理）”。

在卡诺那个时代，热质说是被人们广为接受的理论。热质说认为热是一种特殊的物质，称为“热质”。热质由没有质量的细微粒子组成，它可以从一个物体流向另一个物体，其数量是守恒的。卡诺关于热机的理论也是基于热质说的。这一点也可以从卡诺热机的效率 $\eta = 1 - Q_2/Q_1$ 看出。在这里，效率只与从高温、低温两个吸收或放出的热量有关，因此卡诺的理论表面上似乎可以按热质说来理解。卡诺的理论在随后的实践中得到了验证。

1847年，英国物理学家威廉·汤姆逊（即后来的开尔文爵士）遇到了焦耳，并开始了他们之间的合作。在焦耳大量实验的基础上，他们提出热与功可以相互转换，热质说不再正确。这样，一个难题就摆在人们面前：到底谁的理论对呢？

热力学第二定律的诞生

距卡诺那本书出版26年后，德国物理学家克劳修斯也注意到在热质说框架下这两个论断的不可调和性。1850年他发表了《热的动力学以及由此导出的热本性的定律》一文，指出了卡诺的假设（即热不能自发地从低温物体流向高温物体）可以看成一个客观规律。这样他提出了热力学第二定律的一个表述：

（1）克劳修斯表述：不可能把热量从低温物体转移到高温物体而不引起其他变化。

1851年，即克劳修斯发表那篇文章之后一年，汤姆逊在爱丁堡皇家学会上发表了三篇题为《论热的动力学理论》的文章。这些文章除了提出热力学第一定律外，还发现如果放弃热质说，也一样可以揭示卡诺的理论，这样就调和了上述两种理论表面上的分歧。更为重要的是，汤姆逊提出了热力学第二定律的另一种表述，并论证了它与克劳修斯表述的等价性。尽管汤姆逊的文章比克劳修斯晚一年，人们还是承认了汤姆逊对热力学第二定律的另一种表述。

（2）开尔文表述：不可能从单一热源吸取热量使之完全变成有用功而不引起其他变化。

可以证明，这两种表述是等价的。证明用到了反证法，即如果一种表述不成立，则另一种表述也不成立；反之亦然。值得指出的是，这种证明只是一种逻辑，它不对应新的物理。

从本质上讲，卡诺是第一个提出热力学第二定律的人。如果我们先承认了热力学第二定律的克劳修斯表述和开尔文表述，可以反过来证明卡诺定理：

卡诺定理的表述为：

（1）工作在两个给定温度之间的所有可逆热机，其效率相等，且与工作物质无关。

（2）工作在两个给定温度之间的所有热机，以可逆热机效率为最高。

卡诺的论断与热力学第二定律的两个表述是等价的。从这个意义上讲，卡诺是热力学第二定律的最早提出者，因此热力学第二定律也可以叫作卡诺原理。只不过人们觉得热力学第二定律的克劳修斯表述和开尔文表述不借助于热质说和热机，显得更为基本。既然卡诺的论断与之等价，把后者叫作定律，那前者就是定理了，这就是大多数热学书中称卡诺的论断为卡诺定理的原因。由于早期历史对卡诺的埋没，热力学第二定律的命名要早于热力学第一定律。

热力学第二定律实例

下面我们通过一些自然界中的例子来看看热力学第二定律。热力学第二定律的本质是描述一种不可逆性。自然界中，有很多不可逆性的例子。耗散过程都是不可逆的。这里来看两类耗散过程。第一类如扩散过程，如一滴墨汁在水中的扩散；又如把冷水与热水混合变成温水，而温水则不会自发地再变回到冷水与热水；还有，热不会自发地从低温物体传到高温物体，这恰好就是克劳修斯表述中所说的。

另一类耗散过程如摩擦。通过摩擦机械能可以转化为热，但热却不能以任何方式完全转化为机械能。一个典型的例子是所谓的第二类永动机。人们承认违反能量守恒定律的第一类永动机是不可能的，于是就试图设计从单一热源提取热量而不违反能量守恒定律的所谓第二类永动机。例如人们曾设想从海水中提取热量去做功，再把放热后海水变成的冰块放回大海。实践表明这也是不可能的，事实上这也正是开尔文表述。

所以从某种意义上说，自然界的这两类不可逆的耗散过程，正好对应着热力学第二定律的两种表述。如果你记不住前面两种表述的晦涩文字，可以这样简单地理解这两种表述：

（1）克劳修斯表述：热量不会自发地从冷的物体传到热的物体。

（2）开尔文表述：第二类永动机不可能实现。

熵增加原理

1865 年，克劳修斯针对热力学中的不可逆性，提出了熵的概念，并用数学形式表述了热力学第二定律，即克劳修斯等式和不等式。

设想一个系统相继与 n 个温度分别为 T_1、T_2……T_n 的热源接触，最后回到初始状态，完成一个循环。这个循环可以看成由很多个微循环过程组成，把每个微循环过程中吸热放热与温度的比值 $\triangle Q/T$ 加起来，其总和是一个等于或小于零的数，这被称作克劳修斯等式和不等式，它是热力学第二定律的一种数学表述形式，其中的等号和小于号分别适用于可逆循环与不可逆循环。

对于可逆过程，尽管热量和温度都与体系演化的路径有关，但其比值 $\triangle Q/T$ 与路径无关，它对应一个状态量。这就意味着热量与温度的比值 $\triangle Q/T$ 有着特殊的含义。在此基础上克劳修斯提出了熵的概念。对于一个可逆的微过程，熵的变化就等于 $\triangle Q/T$。熵是一个与状态相关的函数。对于一个绝热过程（可以是可逆的，也可以是不可逆的），吸热或放热为零。根据热力学第二定律可以证明：对于可逆过程，熵变等于零；而对于不可逆过程，熵变大于零。可见，系统的熵永不减少。孤立系统就是一个绝热系统，它的熵永不减少。自然界中存在的真实过程或多或少都是不可逆过程，这个过程在绝热近似下熵总是增加的，这就是通常所说的熵增加原理，也是热力学第二定律的一种表述形式。

我们举一个例子来看熵增加。把一块低于零度的冰放到高于零度的水中，设水和冰的温度分别为 T_1 和 T_2。这样就有热量 Q 从水传到冰中。水的熵会减少 $\triangle S_1 = \triangle Q/T_1$，而冰的熵则会增加 $\triangle S_2 = Q/T_2$。如果把水和冰看成一个孤立系统，则系统的总的熵变为 $\triangle S = \triangle S_1 + \triangle S_2 = Q(1/T_2 - 1/T_1)$。因为 $T_1 > T_2$，所以 $\triangle S > 0$，即系统的熵是增加的。这说明熵有一个自发的流动方向，它对应于热量可以从高温物体自发地流入低温物体。如果要让热量从低温物体流到高温物体，则必须有外界功的输入，即输入负熵。制冷空调就是利用这一原理，通过用电做功把热量从室内（低温）传到室外（高温）。

人们常常会有一个误解，以为系统的熵只会增加，其实它只对孤立系统成立。如果系统向外界放出热量，则系统的熵会减少，这可以看作“负熵”流进了系统。

熵的微观含义

上述关于熵的定义是宏观的热力学意义上的。尽管我们可以根据熵的表达式来计算熵变，但看不清它的本质。1872 年奥地利物理学家玻尔兹曼给出了熵的一个微观表达式：$S = k\ln\Omega$，公式中 k 是玻尔兹曼常数，Ω 是体系的微观状态数，对应于宏观态出现的概率。可见一个系统越混乱，微观状态数就越多，体系的熵就越大。因此，可以通俗地说：熵表示体系的混乱程度。上面讲到热力学第二定律时举的一些例子，都与这一微观表达式是一致的。

熵致有序

从熵增加原理可以看到，一个孤立系统总是倾向于朝熵最大的方向演化，即朝着更加混乱的方向演化。但这并不意味着体系的所有方面都会走向无序；相反，它会导致体系某些方面的有序。

一个典型的例子是液晶分子会通过增加密度使取向排列得有序。我们把液晶分子体系简化成一根根硬棒，硬棒之间除了不能相互穿越外，没有其他的相互作用。这样对每根硬棒而言有两种运动模式，一种是取向上的转动，另一种是空间上的平动。这两种运动导致了取向熵和平动熵，系统总的熵是这两种熵之和。当液晶溶液很稀时，硬棒间相距很远，每根棒都可以自由转动，取向无序。随着浓度的增加，硬棒的转动和平动的空间都受到限制。此时是牺牲取向熵还是牺牲平动熵呢？这些硬棒就会自发地做出一个选择：它们倾向于取向排列有序，从而节省出更多的空间让硬棒可以在空间上自由地平动。这样虽然取向熵减小了（取向有序），可是平动熵却大大地增加了，以至总的熵仍然是增加的。所以，我们会看到这样一个现象，随着液晶浓度的增加，液晶分子的取向会出现一个从无序到有序的转变。这个转变完全是熵所导致的，称为熵致有序。这一液晶的相转变是物理化学家昂萨格于 1949 年提出来的。

可以打一个比喻来说明熵致有序。把几个大人和很多孩子放在一个大房间里。从表面上看，似乎大人和孩子混在一起最无序，也就是熵最大。但是如果考虑到大人不会让孩子到处乱跑（他们会抓住从身边跑过的孩子），这样还会是大人、孩子混在一起最无序吗？不是。孩子们期望大人们聚集在一起（最好还是靠在墙边），这样就可以腾出更多的空间让孩子到处跑。表面上看起来，大人们聚在一起虽然减少了大人们的无序度，但这样孩子们则有更多的活动空间。孩子们的无序度大大增加，不仅补偿了由于大人们聚在一起所导致的无序度的减少，还有更多的富余使整个房间的无序度增加，即体系总的熵增加。这可以看成由于体系熵的增加所导致的一种使体系中一部分单元排在一起的内聚力，这是一种熵力。

总结一下。一个体系的熵可以记为 $S=S_1+S_2$。熵增加原理只要求总的熵 S 增加或者不变。因此完全可以增加一部分熵 S_2 来换取我们所关心的那部分熵 S_1 减小，这就是熵致有序。

结语

热力学第二定律最初是一个从自然界中总结出来的经验规律。由热力学第二定律引申出熵的概念，它描述了一个系统的混乱程度。热力学第二定律说明熵有一个自发的传播方向，即由低向高。熵的概念最早源自物理学，但后来人们发现，熵其实有着更为广泛的含义，它的意义远远超出了物理学。1944 年，量子力学的创始人之一薛定谔发表了其名著《生命是什么》，第一次用熵的观点来看生命，指出与生命现象伴随着的就是熵的减小；1948 年，信息论的创始人香农提出了信息熵的概念，建立了信息量与概率，也就是与信息熵的关系。近年来，熵的概念又被广泛地应用在社会科学领域。这些现象从热力学的观点看就是“负熵”，它决定着生命的演化、信息量的增加以及社会秩序的建立。对于一个企业而言，企业文化就是一种承载着信息的负熵流，它决定着企业生命和未来的走向。

耗散结构理论

我们人类赖以生存和发展的宇宙与自然，从时空尺度上大致可以划分为微观、宏观和宇观三个层次。微观范围内，核心问题是物质的基本结构和相互作用，刻画物质间基本的相互作用并试图建立统一的相互作用理论；宇观层次则主要涉及天体运动和宇宙演化问题，建立宇宙起源和演化的基本理论和图像。

宏观层次则涉及我们所熟悉的宏观世界。宏观世界的时空尺度在米和秒的范围内，包括化学、生物学、生态学、社会学、经济学等各种学科领域，与我们的生活息息相关。在这一空间尺度下，最突出的特点是系统的多样性与复杂性，引起人们密切关注的基本问题是：在这些纷繁复杂的结构与运动形式背后，有没有核心的科学问题和普适的基本规律？自然科学在宏观领域中的重要进展对这一问题给出了肯定的回答，耗散结构理论为理解自然和社会演化的基本规律做出了突出的贡献。

为了深刻理解耗散结构理论对我们认识自然所起到的关键作用，我们需要从对宏观世界中复杂系统的观察和研究谈起。我们所谈到的复杂系统，涵盖了物理、化学、生物、社会、经济等各个领域，它的基本特点是系统中包含大量的基本单元，并且随着时间的演化，在更高的层次上，不断涌现出新的结构和功能。如何理解时间演化和时空有序结构的涌现，是科学研究的一个重要命题，它触及可逆与不可逆以及退化与进化等涉及时间演化的基本科学问题。

在由经典物理学和量子力学描述的动力学世界中，时间作为三维空间之外的第四维，进入到物理过程的时空演化规律中，但它们的基本方程都是时间反演对称的，它们给出了一个可逆的、对称的物理图像。在热力学和统计物理学中，这一演化图像被打破。热力学与统计物理学研究由大量粒子组成的系统，特别是与热现象有关的物理过程，它使不可逆现象进入了物理学的研究范围，给出了系统演化的“时间箭头”。可逆与不可逆、有无时间箭头的问题体现了物理学中动力学和热力学之间的重大差别，而时间箭头的指向问题则构成了物理学、化学等研究无生命的科学与生物学、社会学等研究生命的科学的另一更为基本的矛盾。

热力学第二定律给出的时间箭头，要求一个孤立系统朝均匀、简单、消除差别的方向发展，这实际上是趋于低级运动形式的退化。克劳修斯把这一理论推广到全宇宙，得出了宇宙热寂说的悲观结论。在现实生活中，我们的确观察到这种退化的倾向，然而生活中也到处出现与上述相反的演化方向，即由简单到复杂，由低级到高级，由无功能到有功能再到多功能的方向演化。这是一个进化的方向，生命的产生和演化以及人类社会的发展是这一进化最典型的代表。很显然，生命的进化箭头与热力学的退化箭头形成鲜明的对照，产生了进化与退化的矛盾。似乎是生物界（包括人类社会）遵循着自己的特殊规律，它与物理世界的规律完全不同，甚至恰恰相反。

一个物理的、量的世界，一个生物的、质的世界，二者之间存在着巨大的鸿沟。两种演化图景之间的矛盾构成了复杂系统研究的基本问题。能否把二者统一起来，用统一的科学理论来全面地解释生命的特点及其进化的过程，以实现自然科学的大统一呢？这些问题引起了科学家们的极大兴趣，耗散结构理论正是在探讨这些根本性的问题中产生的。

事实上，虽然生命现象是进化进程的典型代表，但在物理的、化学的无生命领域，我们也同样可以观察到由无序到有序的进化现象，观察到结构和功能的涌现。几个典型的例子是贝纳得（Benard）对流、激光和贝洛索夫－萨波金斯基反应（B-Z 反应），天空中的云街、岩石中的花纹、低等生物的社会性行为等等，都是系统在某些外在条件下，自发地产生出宏观有序结构。它不同于系统在具有更高组织的环境驱动下，被动地产生某种宏观结构的行为（如搅动液体也会产生出宏观对流），自组织现象的产生根源于系统的内部。研究各领域中自组织现象的共性与规律，并利用相应的概念和方法研究具体系统的自组织行为，就构成了耗散结构理论的核心内容。

比利时物理化学家普利高津及其所在的研究团队长期关注非平衡热力学的发展，对在宏观系统演化过程中时间的单向性和不可逆过程倾注了极大的热情。在不可逆热力学研究领域，他们取得的一个重要成就是，在拉斯·昂萨格于 1931 年发现的倒易关系的基础上提出了“最小熵产生定理”：在线性非平衡区，系统的热力学定态是稳定的，并且，只有在定态，系统单位时间内的熵产生亦即熵产生率最小。后来，他们又向远离平衡的方向探索：在倒易关系和最小熵产生定理不复成立的条件下，系统会发生什么现象？经过自20世纪40年代末到60年代末的长期曲折探索的过程，布鲁塞尔学派在“局域平衡假设”的基础上，得到了“自组织”和“耗散结构”的概念。他们指出，当外界环境把开放系统驱动至远离平衡的区域，即超越了倒易关系和最小熵产生定理的适用范围，进入非线性区后，系统的定态可能失稳。系统内部的涨落能驱使它进入具有时间、空间或功能结构的状态，出现“自组织过程”。

自组织过程不同于系统在具有更高组织的环境驱动下，被动地产生某种宏观结构的行为，自组织现象的产生根源于系统的内部。自组织现象的另外一个特点是系统与外界的物质和能量交换是维持有序结构的必要条件，所以普利高津称其为耗散结构。这些特点使得自组织行为所产生的宏观有序也不同于我们所熟悉的通过降低温度和平衡相变所得到的序（如水变成冰），耗散结构只有在开放的条件下，通过不断的“新陈代谢”才能维持，显然，自然界中的进化现象特别是生命现象都必须用非平衡条件下的序才能解释，所以，普利高津提出了“非平衡是有序之源”这一著名论断。

系统状态的稳定性在耗散结构的形成过程中起着重要作用。孤立系统的平衡态和线性区的非平衡定态都是稳定状态。当某种扰动（内部的或外部的）使系统偏离该状态时，系统会力求恢复到原来的平衡态或定态。通过控制外界条件（例如贝纳德对流中的温差），可以使系统从平衡态连续地过渡到非平衡定态，这一连串状态连接在一起，统一地被称为热力学分支。显然，当系统离平衡态不远时，热力学分支是稳定的，不会发生自组织现象。当外界条件驱动着系统越来越远离平衡时，会出现一个临界阈值，外界控制参量越过该临界值后，系统的热力学分支（热传导状态）就失去了稳定性，微小的扰动（这种小扰动永远存在）就会使系统偏离热力学分支，并达到一个新的稳定状态（如宏观对流态），新的稳定状态所在的分支就被称为耗散结构分支（参见图1）。这种由热力学分支失稳而使系统跃迁到耗散结构分支的现象，叫作非平衡相变。

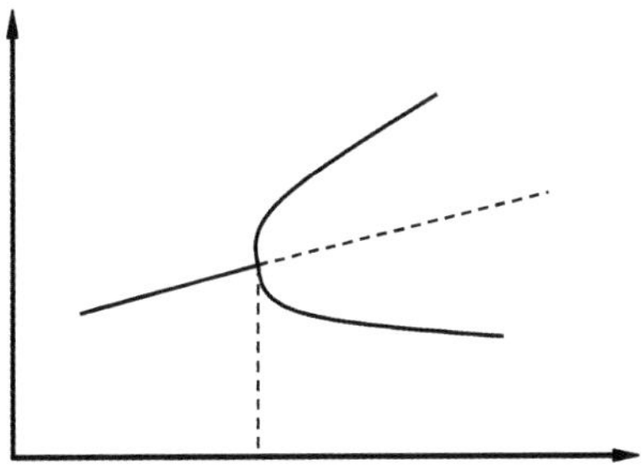

图1　热力学分支和耗散结构分支

观察自组织现象的例子，我们可以总结出耗散结构形成的一些共同的特点和条件。非平衡相变只在以下条件下才会发生。

1. 系统是开放的。只有系统和外界存在物质或能量的交换，系统才有可能产生并维持耗散结构。从熵的角度来看，开放系统的熵改变由两部分来构成：当环境造成的负熵流 deS 足够强时，它不仅可以抵消掉系统内部的熵增加 diS，而且还能够使系统的总熵减少，使系统进入相对有序的状态。应当指出，系统和环境是不同的，系统不可能对外界“全面开放”，否则，它就成了环境或另一个系统的组成部分，也就丧失了自己的相对独立性。

2. 远离平衡态。开放系统只是形成耗散结构的一个必要条件，而不是充分条件。我们已经知道在线性近平衡区有最小熵产生定理，保证热力学分支是稳定的，所以只有当系统在外界条件驱动下达到远离平衡态的区域，系统才有可能发生非平衡相变。

3. 非线性的相互作用。非线性相互作用的存在是热力学分支失稳，并存在稳定的耗散结构分支的必要条件。

4. 涨落是有序结构产生的触发器。热力学系统由大量的分子构成，系统的宏观状态是众多微观粒子的统计平均效应，对于平均值的偏离就是涨落，它是偶然的、随机的，又时刻存在于系统之中。在热力学分支稳定时，涨落相对于平均值是很小的，即使偶尔有大的涨落也会立即耗散掉，系统总要回到平均值附近。然而在非平衡相变的临界点附近情况就大不相同了。这时，很可能出现大的涨落，更为关键的是这种涨落不会被耗散，而是被放大从而导致系统发生宏观的变化。热力学分支失稳后，如果存在多个耗散结构分支，那么，系统如何进入耗散结构分支、进入哪一个分支都是由涨落决定的。在非平衡系统具有了形成有序结构的客观条件后，涨落对于某种序的实现起着决定性的作用。

对于复杂系统的自组织现象，耗散结构理论的热力学视角给出了系统产生宏观有序行为的条件和机制，为理解各领域复杂系统的涌现性提供了统一的概念、方法和基础。但当我们希望具体了解具体系统的宏观行为时，仅仅靠热力学的知识是不够的，必须针对具体系统应用动力学手段，使用动力学的概念和方法，分析个体行为、相互作用和演化机制。研究复杂系统的演化的动力学，我们通常可以从宏观、中观或微观几个层次入手。在宏观层次上，可以沿用热力学统计物理所发展起来的方法，用相应的宏观变量描写系统的状态，并采用微分动力系统描写状态的演化，而非平衡相变则与系统的分支行为密切相关。所谓中观层次则主要涉及自组织理论的随机描述方法，为了考虑系统由于微观个体偏离平均行为而导致的涨落的影响，可以引入随机的描述方法。随机描述的基本观点是把描述系统宏观状态的变量或参量看作随机变量，并把系统状态的演化看作随机过程，应用 Master 方程、Fokker-Planck 方程和 Langevin 方程描写系统的演化。微观层次则试图从组成系统微观组分的行为及其相互作用出发理解系统宏观结构的涌现性行为，通常称之为自下向上（Bottom-Up）的研究方法。以上三个层面的研究是理解自组织现象的基本途径。

耗散结构理论开辟的关于宏观层次复杂系统演化行为的研究提出了探索复杂性的科学问题，为我们认识自然提供了新的方向，成为科学研究的一个重要领域。耗散结构理论的研究和成就不同于科学史上发现一条定律或定理，发现某个天体或基本粒子，它的成就在于以非平衡的热力学为基础，开辟了一个新的领域，成为沟通物理的、量的世界和生物的、质的世界的桥梁，为研究“低级、简单”的物理系统与“高级、复杂”的生命系统演化提供了统一的理论基础。它对人们的世界观和科学研究有深远的影响，有广阔的发展前景。

参考文献

1.《热的简史》，姜·范恩著，李乃信译．东方出版社，2009.
2.《物理学史》，郭奕玲、沈慧君著．清华大学出版社，2005.
3.《新概念物理教程：热学》，赵凯华、罗蔚茵著．高等教育出版社，1999.
4.《溯源探幽：熵的世界》，冯端、冯少彤著．科学出版社，2005.
5.《生命是什么》，埃尔温·薛定谔著，罗来鸥、罗辽复译．湖南科学技术出版社，2003.
6. Glansdorff P , I. Prigogine. Thermodynamics Theory of Structure, Stability and Fluctuations. Wiley-Interscience, New York, 1971.
7. Nicolis G, I. Prigogine Self-Organization in Non-equilibrium Systems. Wiley, New York, 1977.
8.《非平衡系统的自组织》．尼科利斯、普里戈京著，徐锡申等译．科学出版社，1986.
9. Prigogine From Being to Becoming. W. H. Freeman and Company, San Francisco, 1980.
10.《耗散结构论》，沈小峰、胡岗、姜璐编著. 上海人民出版社，1987.
11.《普利高津与耗散结构理论》，湛垦华、沈小峰等编．陕西科学技术出版社，1982.
12.《复杂性新探》，北京大学现代科学与哲学研究中心著．人民出版社，2007.

用力跑，朝着相反的方向

吴伯凡

我们正处在一个瞬息万变的时代，在手机市场，三星似乎一直是无可置疑也无法撼动的老大。但今天我们看到它处于一个几乎人人喊打的局面。

在机场里，你总能听到与三星手机有关的警告。一直被大家不怎么看好的 vivo 和 OPPO 反而成了销售冠军。挺有意思的是，诺基亚宣布在 2017 年重返手机市场，这真的是有点让我们看不懂。在诺基亚如日中天的时候，华为还没有开始做手机，至少没有明目张胆地做手机。而今天，华为手机可以说迎来了生长最旺盛的季节。

熵

熵本来是一个物理学、热力学的概念。

熵的定义：

封闭的热力系统中不能做功的一定热量的能量的计量单位，也就是指封闭系统中对无序和随机的计量单位。这听起来很拗口，其实我们只要记住，它的基本含义就是：混沌、有序性的衰减、惰性、混乱递增、不明确、衰败等等。

例子：温水变凉。

有一锅温水放在那个地方，除了它的温度会自然地降低之外，水分子的运动状况是趋于无序的。我们通常把这种水分子无序运动的状况称为布朗运动，就是没有方向、没有目标、随机性的运动。我看到有人写博客说，“星期天待在家里头没事，我只好在家的附近做布朗运动”，也就是在闲逛。

热力学有两个定律，第二定律听起来跟第一定律有点矛盾。

• 第一定律：宇宙的整个能量是守恒的。

• 第二定律：在一个封闭的系统里，系统的能量以及与能量相关的有序性是递减的。

热力学第二定律告诉我们，在一个系统里，无序性或者是说有序性的递减是一种宿命，它是一个无法摆脱的类似于诅咒的东西。它有点像地球上的任何物体都没办法摆脱地心引力一样。

任何一个系统，都永远受制于一种命运，那就是无序性，混沌性是它的归属。所以有时候熵也被称为熵死，死亡是最终的归宿。

叔本华说：人一出生就开始了死亡的进程。只不过是这个周期相对比较长，所以我们就容易忘记这样一个结果。其实，这个结果是一直摆在那儿的。

熵与管理学

熵本来是一个物理学的概念，但是有很多管理学家都把它引入到管理学领域。第一个把熵的概念与对组织研究结合起来的管理学家是德鲁克。

迈克尔·波特说过，在生物有机体中，生命能量的消耗始终是为了治疗和维护一种精巧的次序，一个企业组织是由人所形成的网络来构成的，它具有绝对的陷入更大混乱状态的倾向。假如对这个组织不采取任何措施，它便会处于混乱状态之中，这一基本原理有力地说明了管理的重要性。

任正非整个管理思想的核心就是熵。有一次他听中国人民大学的一个教授在讲熵与管理的问题，便对这个概念一见钟情。他突然明白，自己以前所讲的很多东西都可以浓缩在熵这样一个概念里。

我们知道，在中国的企业家当中，任正非是少有的经常唱衰自己企业的企业家。

我们最早读到的任正非的文章是《华为的冬天》，在 2012 年的时候，他有一个很重要的讲话，叫《华为的 2012》。听起来好像是他始终在唱衰华为，当然实际上不是在唱衰华为。他是比较清醒地意识到，华为作为一个企业，和所有其他的企业一样，始终存在一个巨大的阴影，或者说有一个看不见的魔鬼随时在侧，这个魔鬼就是熵。

熵就是繁荣的反面，兴旺的反面，有序的反面。所谓繁荣，不过是熵处于最隐性的状态，它隐身了，不一定不存在，随时可能显化出来。而且最要命的是，它始终不会离开。所有的生命体、所有的组织的最终结局都是熵。

有一篇文章题目就叫《华为之熵》。其中有一段话是这样来描述熵的——一个非活的系统被独立出来，或是把它置于一个均匀的环境里，所有的运动由于周围的各种摩擦力的作用都将很快地停顿下来，电势或化学势的差别也消失了，形成化合物倾向的物质也是如此，由于热传导的作用，温度也变得均匀了。由此，整个系统最终慢慢地退化成毫无生气的、死气沉沉的一团物质。于是，这就达到了被物理学家们称为的热力学平衡或“最大熵”的状态。

叔本华说：一个活的生命从一开始就被判处了死刑，只不过是这个死刑是被缓期执行的。

有一句话说：“医生能治你的病，不能治你的命。”医生没办法解决死亡的问题，他只能延缓你的死亡。这注定是一种暂时性的，用不断的努力证明自己最终无法成功的一种方式。听起来是一种很悲观的世界观。

其实管理对于组织与医疗对于人体是同一回事，管理无非就是治疗和维系系统的有序状态。所以在这个意义上说，管理要做的只有一件事情，就是对抗熵增的趋势，或者说尽可能地暂时地减少熵。当然我们也可以说，管理就是如何增加企业的生命力。

永动机

熵这个概念是在 1854 年由一个叫克劳修斯的物理学家提出

来的。有了熵这个概念，我们就知道世界上没有长生不老的东西，也不可能造出一台不需要能量便能自己运行的机器。但是，一直到 20 世纪，都有很多人在幻想造出一台不需要持续输入能量，就可以永远自动运行的机器。这种机器它有个名字叫永动机。

永动机的制造者、发明者，叫黄维。原来是国民党的一个将领，后来作为战俘被关押起来，他用了差不多 25 年的时间在监狱里研制永动机。他的研究前提是错的，必然做不出永动机来。但他的性格特点就是不服，打了败仗被关进了监狱他还不服，最要命的是他不服自然规律，他在漫长的余生当中，证明了一个其实不需要去证明的结论，永动机是造不出来的。

如果我们真正明白了热力学第二定律，就不会去犯傻做这样一台机器。原因很简单，我们在说熵的概念的时候，有一个限制条件，叫一个封闭的系统。封闭的系统，就是说外在的能量没办法进入这个系统中来。当外在的能量没法输入进来的时候，这个系统本身的有序性就会逐渐减弱，直到最终归于一种静态的平衡，这种静态的平衡其实就是死亡，或者叫熵死。

系统持续地运转只有一个办法，让它从封闭变成开放，不断地从外面输入能量。

例子：冷水变热。

一锅冷水，你要冷水锅里头冒热气，你想让一锅在做布朗运动的水分子朝着一个固定的方向运动，那就需要在下面加一堆柴火，给它输入能量。

原来做布朗运动的水分子只朝一个方向进行运动，到一定时候，那这锅水就开了。我们说这个水沸腾，其实就是所有的水分子都朝一个共同的方向运动，它就沸腾了。

负熵

负熵是指混沌和无序状态的减少。负熵是熵的反面，熵本身对我们来说是一种负面的东西，负熵，负负得正。负熵的形成就是外来能量的输入，这句很拗口的话可以翻译成一句很通俗的话，就是一个孩子，如果不吃东西，就会饿死。一个鲜活的肉体就会变成尸体，尸体就是一个达到了静态平衡的生命体。

每个生命体，每个组织，只要存在，就处在一个看不见的传送带上。就像我们人一出生就站在了一个传送带上，传送带的尽头是火葬场。我们能做的事：第一，意识到这个传送带的存在；第二，意识到这个传送带的方向。

人以各种努力，尽可能地朝传送带相反的方向跑，跑的结果当然不是最终逃离火葬场，它只是延缓我们走到那个终点而已。组织也一样，不管现在是如何繁荣昌盛、风光无限，都是站在一个它可能意识到，可能没有意识到的名字叫作熵的传送带上。如果不做任何努力，就会很快到达那个终点。

任正非的在商言熵

在任正非看来，所有的管理、经营行为就是为了达到一个目的——防止组织生命力的衰减，抵挡组织从有序趋于无序，避免组织逐渐走向混沌，直到死亡。

所谓的管理，首先是发现和意识到组织是处在这样一个传送带上。其次是采取各种措施，朝着熵的相反方向，以对抗熵增的趋势。当然，这种对抗只是暂时有效。

当然我们说到熵的时候都有一个限制条件，就是封闭系统。其实，管理不仅仅是延缓一个组织的衰败，还是如何从一个封闭的传送带上突围，让自己成为一个能够从系统外输入能量的组织，这样我们就会大大地改变组织的生命周期，让组织的魂从原有的生命体当中脱离出来。

任正非为什么时不时地在唱衰自己的企业？其实他不是在唱衰自己的企业，而是他意识到衰不是唱出来的，衰是一种宿命。只有意识到这种衰的宿命，你才会采取决绝的努力来避免组织从兴盛快速地走向危机，直至死亡。

挣钱难，
花钱更难

吴伯凡

关于熵的定律，也就是热力学第二定律，是关于封闭系统的规律。也就是说在一个封闭系统里，如果没有外在能量的输入，它就会陷入一个熵死的状态。

耗散结构

那如何避免系统陷入熵死的状态呢？有一个叫普利高津的化学家提出了一种理论，叫耗散结构。

耗散结构是一个远离平衡态的开放结构，或者说是一个持续处于不平衡、状态里的结构。

简单地说，一个活的人，才会有饿的感觉，才会有对食物的需求。如果一个人对于食物没需求了，那他就是濒于死亡或者已经死亡了。

饿的状态，其实就是一个不平衡的状态，就是一个渴望开放的、渴望外在能量输入的状态。在耗散结构当中，通过不断与外界进行物质和能量的交换，在耗散过程当中产生了负熵流，系统就从原来的无序状态或者低有序状态转变为有序状态。

比如脂肪。脂肪其实就是能量的储存。人类在长期的进化过程当中，一直处于食物、能量匮乏的状态，所以我们的身体就有一种储存能量的功能。将已有的能量储存在体内，当我们没有外在能量输入的时候，身体可以暂时供给能量。

但是脂肪作为一种资源，一方面它是一个好东西，另一方面，它也是坏东西。能量的功能其实只有一个，就是用来被耗散的。如果脂肪只是用来储存的，也就是说，它是用来阻挡系统从外面输入能量的，脂肪就会带来麻烦。

同样，企业作为一个系统，要生存下去，就必须要从外面输入能量。所以企业就必须赚钱，在某种意义上说，钱就是企业的脂肪。

正如脂肪是用来被消耗的，钱也是被用来消耗的。花钱其实就是耗散钱，耗掉它，散掉它。如果企业把赚钱作为终极目的，企业就已经是处于半封闭的状态。

任正非对耗散结构的比喻如下：你每天去锻炼身体跑步就是耗散结构。为什么呢？你身体的能量多了，把它耗散掉了，就变成了肌肉，就变成了强健的血液循环系统，能量消耗掉了，糖尿病也不会有了，肥胖病也不会有了，身体也苗条了，这就是最简单的耗散结构。

如何判断一个企业是否健康？

第一，它能不能够大量地赚钱？也就是从外界不断地吸纳能量。

第二，它能不能够大量地花钱，或者说大量地耗散钱？如果企业对于钱的耗散机制在逐渐丧失，就意味着企业已经进入到一种亚健康状态。

一次有一个人问我："你说某某公司在走向衰落，你看它的现金流，你看它的现金储备那么高。"

我说："这只意味着一点，它正在变成一个大胖子。"

正如脂肪既是好东西，也是坏东西，利润既是好东西，也是坏东西。尤其是获得了高额的利润，又不知道怎么去花钱的时候。如果一个企业进入到一种大量收钱，但已经不太容易找到花钱的地方的时候，这个企业就相当危险了。尤其是一些垄断企业，一方面由于没有竞争对手，或者说它与竞争对手有一个巨大的落差，与对手相比，拥有一种绝对的竞争优势的时候，企业的利润会滚滚而来。这样的企业，你千万别偷着乐，脂肪有毒，利润也有毒。

人类已经进入到因为肥胖死亡的人数大大高于因为饥饿死亡的人数的时代，这就意味着人类面临着一种新的诅咒，企业也是这样。

例如 IBM 的危机。IBM 在 20 世纪 50 年代启动了一个叫 S360 的计划，这个计划 IBM 花了 50 亿美元，这 50 亿美元相当于 IBM 4 年的销售额。还有一个数字对比参考，美国的曼哈顿计划，也就是造原子弹的计划，花掉了 29 亿美元。当然这个巨大的赌注给 IBM 带来了巨大的回报，奠定了 IBM 在计算机行业里无可撼动的地位。IBM 凭着 S360 形成了巨大的垄断，因为没有其他的公司能够提供跟 S360 匹敌的大型计算机。

在很长一段时间里，IBM 已经不太像一个商业机构，而是有点像政府机构。我们知道，政府机构是排他的，在一个国家里不可能有两个政府。有人这样描述："你跟 IBM 做生意，不像是在跟一个企业打交道，而像是到政府部门去办事。"因为没有哪个厂商能够提供这样的产品，所以 IBM 在跟用户打交道的时候是不慌不忙的，客户经常会被这样对待："今天不行，明天再说吧。""今年我们的产品快卖完了，要不你明年再说吧。"当时 IBM 的日子好过到有自己的交响乐团，有自己的美术馆，它们收购了大量的世界名画。如果给当时的 IBM 画一张图像的话，那一定是一个大腹便便的胖子，没有人能够撼动它。但就是在这样一种养尊处优的状态当中，IBM 几乎完全丧失了活力。

IBM 的前 CEO 郭士纳在他的回忆录里说，他最初是作为 IBM 的客户跟 IBM 打交道的，到了 IBM 以后，他发现自己好像是到了南太平洋上的某一个岛上，发现了各种各样他不认识的物种，他说那个企业的人特别不像是做生意的，是一种让他觉得很吃惊的、觉得大开眼界的商业物种。当然这种长期的肥胖肯定会导致各种各样的疾病，到 1992 年的时候，IBM 的危机全面爆发，差一点就倒闭。

华为的厚积薄发

任正非说到华为的时候，他经常会提到一个词，花钱。

他要尽可能地花钱。为什么要花钱，而且要大把大把地花钱呢？原因是他觉得，看到那么多钱的时候，他害怕。后来了解了耗散结构理论以后，他就更加意识到，大把的银子放在企业里头，一定会出问题的。

我们看到一些数字的时候非常吃惊，比如说华为在研发上已经花掉了 2400 亿元，这个数字对中国很多企业来说都是一个天文数字，是一个让人匪夷所思的数字。但华为就这样把它花掉了。不知道怎么花的钱是不祥之物，一定要把它给花掉。

另一方面，华为又是一个特别抠的企业，华为的口号是“以客户为中心，以奋斗者为本，长期坚持，艰苦奋斗”。大把花钱还艰苦奋斗，是指厚积薄发。大把花钱就是将钱变成能力，有些能力连他们自己都不知道有什么用，但是他们知道，不是钱到用时方恨少，而是能力到用时方恨少。厚积而薄发，不是不愿意发，而是机会其实很少，或者说让你发挥能力的机会是很少的，一旦遇到这样的机会，你厚厚积累起来的能力就能够派上用场了。

厚积薄发其实就是打造并且运行一个耗散结构。

这样的耗散结构能建立一个开放的永动机。这话听起来是矛盾的，永动机是封闭的、不需要从外面输入能量就可以自己运行的一架机器。华为意识到那样的机器是不存在的，但是他们希望自己的企业持续地保持一种活力，让自己的企业成为一个高速而且有效运转的机器，那就只有一个办法，打造并且使用一种耗散结构，或者说在自己的企业里头形成一种永动机制，一种永续经营的机制。

做企业要警惕舒适

企业创业的时候，常常会遭遇没钱的困惑，一个是没有人来投资，第二个是有人来投资了，你的财源滚滚，但是客户的钱你没有赚到。现在很多的独角兽企业，不过就是从投资人那里获得滚滚的财源，而从客户那里盈利的钱如涓涓细流，甚至连细流都没有，这当然是一种不健康的状态。有朝一日，企业不再需要外在的输血，自己能够创造巨额的利润，这当然是一个巨大的好消息。但它同时也是坏消息，因为挣钱难，花钱更难。

大家看看自己的身材，搞到东西吃，难；吃了东西以后不发胖，更难。现在全人类都进入到一种集体焦虑，不为吃不饱肚子而着急，而是为吃得太饱而着急。原因其实就是我们的身体没有建立一种有效的耗散机制。

做企业就是一场苦役，经营一个企业，遵守一个定律，这个定律是我自己发明的，叫“麻烦守恒定律”，一个麻烦解决了，新的麻烦就出来。当一个魂牵梦萦的目标达到以后，一定要留意坏消息会接踵而至，甚至坏消息就像特洛伊木马一样，早已经隐藏在好消息里头了。

《易经》里有一句话，“君子终日乾乾，夕惕若厉，无咎”。它的意思就是，君子应该自强不息，但是自强不息会有一个结果，就是赢得一个丰盛的场面。面对丰盛的场面的时候，还要自强不息，所以叫“乾乾”，不仅要“乾”，而且要“乾乾”。面对丰盛的场面，还要自强不息，不是说好上加好，而是要对这个好有一种警惕，所以叫“夕惕若厉”。当一个丰盛的场面出现的时候，你的头脑当中要出现一个狰狞的怪兽的形象，对它要保持高度警惕，这样才能避免灾祸。

我记得2015年谷歌公司改名叫Alphabet公司（谷歌母公司）

的时候，它们发了一个公告，这个公告里有一句脏话，说的是，企业的成功会让企业陷入一种“fucking comfort”（去他的舒适），我觉得这个词很深刻，我觉得如果一个公司从艰难创业的阶段进入到一个相对繁荣的阶段时，老板应该在自己的办公室挂上这两个单词——fucking comfort，面对 fucking comfort，面对这个梦寐以求的舒服，你要有一种谷歌式的清醒，要学会拆解自己，耗散自己，把企业已有的资源，那些像丰厚的脂肪一样的资源耗散掉。

华为能否走出战略无人区

周掌柜

大家是否有这样的感知：国内对于华为的看法大部分都是充满民族主义的，将其看成国家和民族成就的一部分。不过，坦率地说，对于近200年来一直渴望工业化和现代化的中国，我们完全抛开这种自我认知的情绪也不现实。

从客观的角度分析，我们看华为的视角可能不自觉地产生两个盲点：第一个是更关注它应该为国家创造的贡献，却忽略了它作为一家世界级企业应该承载的全人类发展的使命；第二个是过高地评价其成功，却忽视了推动其成就的时代性和国际化竞争带来的必然性市场选择。

这两点已经成了华为的战略负担。

在2016年5月底召开的全国科技创新大会上，任正非在《以创新为核心竞争力，为祖国百年科技振兴而奋斗》的讲话中提出："随着逐步逼近香农定理、摩尔定律的极限，面对大流量、低时延的理论还未创造出来，华为已感到迷茫，找不到方向，华为已前进在迷航中。重大创新是无人区的生存法则，没有理论突破，没有技术突破，没有大量的技术积累，是不可能产生爆发性创新的。”

讲话中，任正非的两个判断振聋发聩，第一个就是华为创新进入了无人区；第二个是我们对智能时代认知不足。作为中国最优秀的企业家之一，此刻，他内心最大的恐惧或许是远离人群和无法准确定义竞争对手，而孤独可能导致误判一个崭新的时代。

本文中我们将从更宏观的视角感知华为，感知这个世界性巨头面临的战略挑战，感知新时代对商业环境的塑造和推动，希望我们能建设性地和华为一起思考新理论、新战略、新梦想。总之，我试图和大家一起呈现和理解华为复杂布局、复杂战略背后的大逻辑和大趋势，我们以追问而非挑战的姿态融入其中。

战略：华为如何领航人机智能？

这是一个非常直接的问题，也是一个系统性的追问。

大背景是：从 Alphabet、亚马逊、苹果、脸书、IBM、微软等世界顶尖巨头，甚至 BAT 的最新战略来看，人机智能时代势不可挡，已经不需要讨论。但这个问题本来应该最先问互联网公司，此刻，任正非提出这个问题，这本身就意味着华为在做前瞻性战略思考，并在创新维度对标谷歌。

回答这个抽象的问题之前，我们先总结一下华为在过去近 30 年的成功要素。大体上我们可以概括为五点：第一点是香农定理和摩尔定律支撑的清晰战略路径和可持续战略预期；第二点是过去十几年全球通信行业作为IT和互联网的底层基础设施出现爆发式增长，拥有需求驱动的时代红利；第三点是军事化思想支撑的全球化执行力；第四点是制度设计优势支撑的人才创造力；第五点是研发驱动的战略红利以及技术溢价。画龙点睛之笔也包括通信行业颠覆式模式SingleRAN和分布式基站等创新。

上述分析如果概括起来，我们可以客观地总结为：华为的成功具备时代性，且依附于时代，华为虽然超越了大部分中国企业的高度，但依然是商业轨道上可以预知的成功。华为的属性是商业领域中一家通过产品和服务成功的公司，但并不具备领先者的开创性基因。这个认知很重要，这可以让我们像任正非自己一样，打破对成功的盲目崇拜，进而理性地思考和推理，识别未来潜在的风险。

对于华为的成功要素，我们可以总结的是：华为的成就和中国的全球化红利高度捆绑，和时代趋势高度捆绑。华为目前的两大推动力，第一依然应该是中国在全球化中的核心驱动甚至主导地位，由此推动全球大规模的通信基础设施投资；第二应该是把握新时代新红利，抓住了消费电子时代的全新需求。

但硬币的另一面也很清晰，基于战略成就可能出现的战略挑战是：其一，国际市场环境有可能伴随着中国的复杂国际关系大环境的变化发生逆转，这一点已经从美国对华为的商业限制展露端倪；其二，信息时代周期性带来的发展动力下降，这里面包括香农定理和摩尔定律瓶颈的问题；其三，智能时代对组织再造的重大挑战，工业化和信息化时期快速成长起来的华为可能面临着人员过剩的问题，目前这个挑战还不明显，但应该是不远处的真问题。可见，华为在人机智能时代到来的时刻，本身已经走到了发展的十字路口。如图 1 所示，我们看到华为目前的战略是双支点排布的。

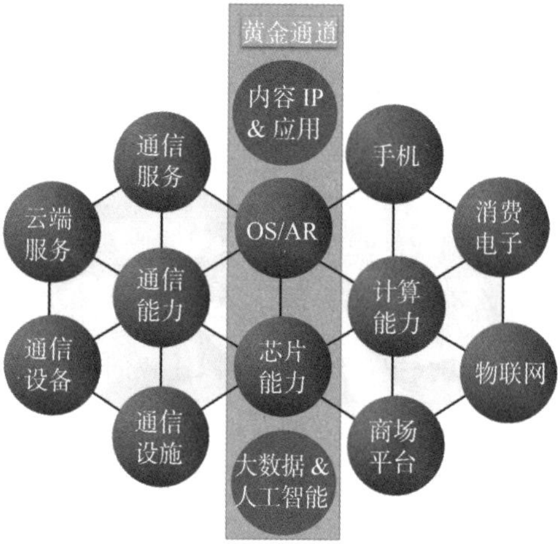

图 1　华为“围棋”战略矩阵

如果华为战略性地弥补图 1 展现出的天花板和基础的瓶颈，其战略就不应该仅仅是补足的问题，而应该是全面过渡到智能时代的“智能金字塔生态”战略，这是一个不小的颠覆。如图 2 所示：

华为的战略目前依然在迭代中，并且具有明显的战略盲点，或者说是“战略弱点”。如果华为不能有效地建立更加立体的战略模型，可预见的瓶颈应该会出现在两个时间窗口，第一个是全球销量超越苹果之后，在维护整体生态竞争力上华为将面临巨大挑战；第二个是总体信息时代计算能力进一步进入瓶颈（也就是任正非所言的摩尔定律、香农定理临界点）之后，华为目前的战略将进一步走上巅峰，但眼前的景象将从“战略无人区”变为“战略悬崖”。

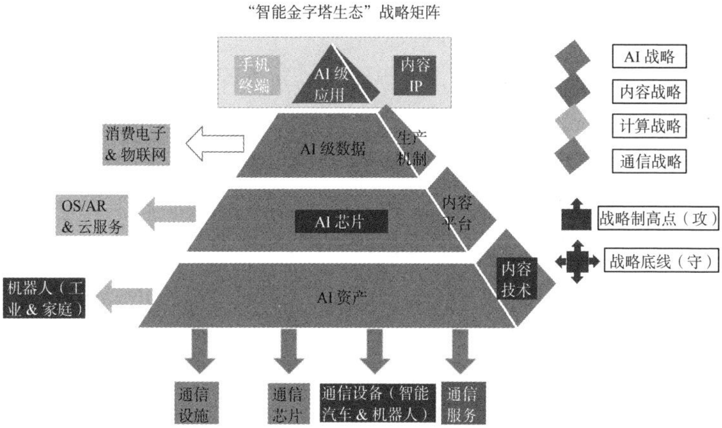

图 2　“智能金字塔生态”战略矩阵

理论：华为如何先知于时代？

从战略布局的角度，我们看到了华为的荣耀与挑战，而下面将从更深层次的中国“智”造角度进入理论层面的思考。

任正非提到的“香农定理、摩尔定律走到瓶颈”“无人区理论创新”对大部分人来说是非常陌生的，但对此的深刻理解应该比战略矩阵更加接近问题的实质。从最通俗的角度解释这两个定律，香农定理描述的是通信行业的信息传播效率和带宽的关系，摩尔定律从制造业的角度描述硅片计算能力发展的普遍性规律。

经过接近半个世纪的飞速发展，世界范围内无论是通信网络还是计算机设备都获得了快速的普及，这些都有赖于香农定理和摩尔定律所描述的市场空间和客观进化规律。像英特尔、华为、戴尔、联想这样的 IT 和通信业巨头实际上都是在香农定理和摩尔定律的红利期获得了快速的发展。

而这个红利期的瓶颈就出现在最近几年，一方面从集成电路的角度，单核芯片所带来的计算能力提高已经不能对用户需求给予最高性价比的满足，这时候双核芯片出现，也是摩尔定律接近极限的一个重要信号。而通信领域，3G 之后，应该说大部分的通信需求都得到了满足，4G、5G 的技术和设备的迭代失去了短缺和瓶颈主导的动力支持，变得没有那么急迫和必要，香农定理走到临界点让通信设备迭代的动力严重下降。

任正非所说的“理论无人区”实际上就是描述了以上的客观状态。

实际上，人机智能时代的趋势定律已经从计算和通信能力瓶颈的描述升级为更大系统的逻辑推演。所以从这个角度看，任正非在全球科技创新大会上提到的“大流量、低延时”的下一代理论的方向性预判有可能是一个战略误判，从商业的角度，他提出的两个技术趋势可能根本不具备大规模应用的价值，因为这依然是延续香农定理和摩尔定律的惯性。逻辑上，新时代的指导理论应该是完全颠覆的，市场对华为“刚性增长”的需求大概率会进入到“柔性服务”阶段。所谓“柔性服务”就是为运营商和通信行业开创一套基于应用需求的开放服务平台，是华为目前对“大 T”服务支撑的升级版，形象地说就是为运营商插上“互联网”和“智能”两个翅膀。

总体上看，我们需要引入热力学的“熵”的概念、信息论“认知盈余”的概念，以及智能论“中央智能、分布式智能、智能资产”（周掌柜团队提出）的系统概念来理解下一个时代的理论趋势。智能时代影响商业理论创新的方向包括图 3 的 4 个基本方向。

关于中央智能的“需求引力定律”：该定律提出的背景是以信息不对称为核心的个体决策将因为中央智能的出现产生价值趋同化判断。缺少人工智能的公司将出现组织官僚化和产品线复杂化。定律是，需求通过中央智能的汇聚，拥有了引力属性，带有智能的大数据将帮助高智能公司重新定义商业需求。

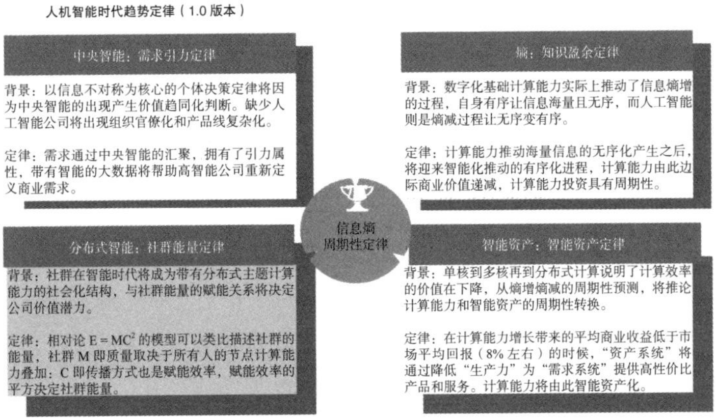

图 3　信息熵周期性定律

关于分布式智能的“社群能量定律”：该定律提出的背景是社群在智能时代将成为带有分布式主题计算能力的社会化结构，与社群能量的赋能关系将决定公司价值潜力。定律是，相对论 $E=MC^2$ 的模型可以类比描述社群的能量，社群 M 即质量取决于所有人的节点计算能力叠加；C 即传播方式也是赋能效率，赋能效率平方决定社群能量。逻辑上比较接近于“边缘计算”。

关于智能资产的“智能资产定律”：该定律提出的背景是单核到多核再到分布式计算说明了计算效率的价值在下降，从熵增熵减的周期性预测，将推论出计算能力和智能资产的周期性转换。定律是，在计算能力增长带来的平均商业收益低于市场平均回报（8% 左右）的时候，“资产系统”将通过降低“生产力”为“需求系统”提供高性价比产品和服务。计算能力将由此智能资产化，放在手机业务看，就是“云手机”去化功能，强化个体智能资产的端智能沉淀。

关于熵的“信息盈余定律”：该定律提出的背景是数字化基础计算能力实际上推动了信息熵增的过程，自身有序让信息海量且无序，而人工智能则是熵减过程让无序变有序。定律是，计算能力推动海量信息的无序化产生之后，将迎来智能化推动的有序化进程，计算能力由此边际商业价值递减，计算能力投资呈现周期性特征。

以上四个定律的研究方向可能完全颠覆在“信息时代”我们对于商业大逻辑的认知，特别是对于商业价值的认知。如果在智能时代“智能资产”成为公司价值的核心承载工具，显然华为目前的通信能力和计算能力与现在的中国移动一样，将堕落到最底层的价值虚无状态，这是华为最大的战略性风险，而且正在发生。逆转这个挑战的钥匙正是上文我们分析过的华为的“内容应用”和“数据智能”两个战略盲点。

而“信息盈余”的概念，是在描述智能时代的核心驱动力，这和《认知盈余》这本书中提到的社会化能力的盈余逻辑是一样的，智能时代信息静态泛滥且盈余，换一个角度看，这正是智能时代伟大公司的核心驱动力。对“信息盈余”和“信息熵周期性定律”的理解客观上决定了华为在下一个时代是否会成为一家伟大的公司。

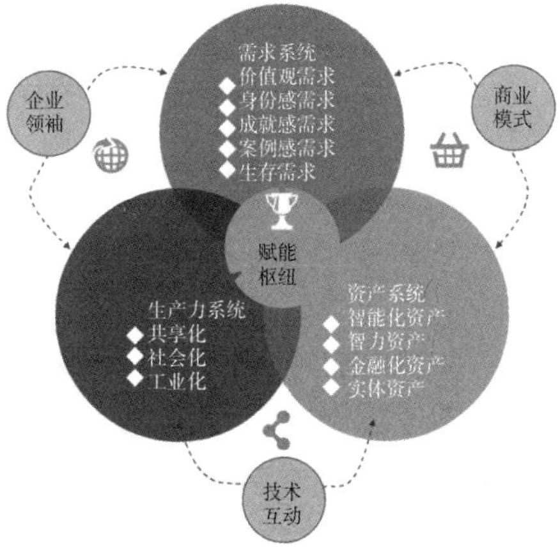

图 4　商业环境大生态总览

智能时代的商业大生态逻辑更加验证了图 4 中的“大生态要素”，由此看，华为下一步迭代的推动力应该是：战略生态化——以生态的思想解决静态的绩效文化和组织力矩阵，推动社会化协作；需求价值观化（消费场景驱动）——超越有形的刚性需求，从人群的价值观需求场景出发，以满足人类精神和思想世界的抽象需求为新引擎；生产力共享化（开放平台）——打破单一创造生产力提高的路径依赖，为推动生产关系的有效性推动生产力的共享化优化；资产智能化——把专利等知识沉淀系统升级为围绕最终用户生活场景的智能场景，将智能资产作为公司的全新价值内核。如此，华为的领导力、商业模型和技术路线才能跟进发生迭代以迎接全新的时代。如图5所示，华为的生态将围绕组织需求重构，这也是一个重大的理论创新。

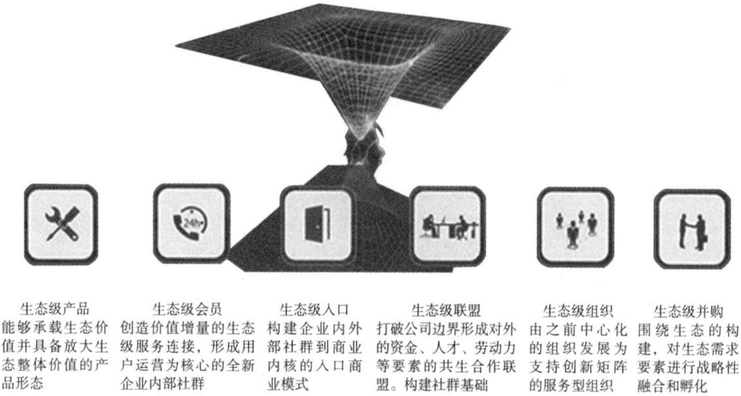

图5　生态型企业构建要素

而从目前的华为战略来看，在“战略无人区”里主要的思维依然是执行力“刚性发展”的技术突破，也就是更快速地挑战香农定理、摩尔定律的极限，智能资产化的短板尤其明显，生态化的思维并没有得到完全的确立，“柔性服务”价值贡献率很低。按照现在的趋势发展下去，乐观估计在3~5年华为走到历史性鼎盛时期之后，华为在消费电子领域超过苹果，在通信领域成为世界第一，在企业级服务领域达到500亿美元左右的规模，但彼时，华为战略回旋余地会非常小，衰落将是必然结果。

而悲观的估计是，在未来3年内，华为将陷入香农定理、摩尔定律魔咒般的毁灭链条：第一波战略性盛极而衰的是过剩计算能力的创造者戴尔、联想、惠普；第二波盛极而衰的将是计算能力的广义提供者英特尔、高通和AMD；第三波将会是华为这样的通信系统巨头。而最后的胜出者是基本不被香农定理、摩尔定律魔咒影响的、更早进入智能时代的Alphabet、亚马逊这样的公司。换句话说，如果华为致力于完成1000亿美元销售额的目标并可持续发展，真正对标的巨人应该是Alphabet和亚马逊。

回到全球科技创新大会上任正非的表态，由此看来确实是肺腑之言，也真诚坦白。中国商业乃至世界商业历史交给华为的全新使命已经不仅仅是创造商业价值，更包括参与缔造“智能文明”。

是的，从信息论的角度看，“文明就是一种在混沌中自发生产知识的能力”，从智能论的角度看，“文明是人类信息和自然信息内化及外化的双向沉淀过程”，生产产品的华为向生产智能的华为的跨越，从“刚性发展”到“柔性服务”的转变，何其雄伟，但又何其具有挑战性？！

组织：华为军团如何形成生态型协作？

前文从实践到理论剖析了华为进入“战略无人区”的挑战，其实背后还有一个不可忽略的因素就是，华为的“铠甲军团”面临新时代、新使命的挑战，这也是整个华为战略系统的核心不确定性因素。这个时代华为面临的最主要挑战将是——人才过剩。

说到底，如果锁定智能战略，华为的组织需要经过智能化的阵痛，并接受全新的生态服务战略洗礼（智能时代的高度智能中心特点，驱动大型公司进行生态化、开放平台化、服务化布局）。这个过程对于普通公司而言可能是个性解放的、华丽的和多彩的，但是对全球拥有 17 万员工的华为而言可能意味着阵痛，甚至壮士断腕。

与金戈铁马的时代比，未来的华为应该更加虚怀若谷，更加追求多元文明，应该为人类的生活贡献更多的创造力和惊喜。

（原文于 2016 年 6 月 14 日发表于英国《金融时报》中文网）

任正非提了二十几次的“熵”究竟是什么

马蹄山厂妹（马春皎）

2017 年 9 月份，华为总裁办发布了《华为之熵，光明之矢》的公司学习邮件，该文系统阐述了任总思想中的“熵减”理论。华为大学、华为内部论坛也纷纷就此概念进行了各种热烈的解读和讨论，华为大学的内部线上课程还专门设立了“熵减”一课。

实际上，“华为之熵”这个概念并不是 2017 年才提出的，早在 2012 年华为公司的内部讲话《任总与 2012 实验室座谈会纪要》中，任总就提出了“熵”这个概念。厂妹粗略统计了一下，从 2012 年起，任总陆续在 7 篇文章和讲话中提到了“熵”这个概念。

这是一个非常有意思的话题，华为将热力学理论引入到公司治理系统，作为公司运作和管理的一个独特理论。任总为什么如此重视“熵”这个概念？经过一番学习，厂妹也想谈谈自己的看法。究竟什么是华为之熵？华为靠什么来熵减？

任总曾经在 2015 年的“花园谈话”中描述过一个场景：封闭系统内部的热量一定是从高温流到低温，水一定从高处流到低处，水流到低处不能再回流，那是零降雨量，那么这个世界全部成为超级沙漠，最后生命就会死亡，这就是热力学提到的“熵死”。

什么是熵？厂妹这个文科生的理解如下：

• 热力学第一定律是指世界上所有能量都是守恒的，能量是可以转化的，例如，水从高处流到低处，也就是势能转化成了动能。

• 但是能量在转化的过程中，一定会有一些不能利用的能量，也就是耗散。也就是说，能量 = 有效能量 + 无效能量。这里的无效能量，其实就是熵。

• 由此，就引出了热力学第二定律，也叫作“熵增定律”——封闭系统的熵是一直增加的。也就是说，无效的能量一直在增加，如果不增加有效能量，那么最终系统就会熵死。

尽管这是一个物理学的概念，但是它同样具有社会学的意义。小到一株草，大到一个社会，其实都可以用熵这个概念来解释。一个人，如果不吃不喝也不动，很快会走向死亡。一个企业，如果不能持续创新和进步，很快就会被淘汰，最终走向灭亡。

回到我们一开始的问题，为什么任总要反复提到“熵”这个概念呢？

我的理解是，在这个物理学的概念里，既隐藏着企业最终的发展趋势——熵死，也同样隐藏了熵的解药。

还是以水为例子，水必定是从高处流到低处，其实就是熵增，最终成为一潭死水，也就是熵死。但是地球上的水并未成为一潭死水，水其实每天都在流动，是因为地球并非一个封闭的系统，因为太阳这个外部系统的存在，水得以蒸发（熵减），从而实现整个水系统的循环流动。

这个例子给我们的启示是什么呢？我认为有两个，一个是开放，一个是活力。

在华为，就有一个活力引擎模型（见本书第 9 页图 1），这是任总和华为思想研究院的员工经过多次座谈、修正而成的。这个模型或许就是熵的解药。

这个模型最重要也最基础的一点就是开放。为什么开放是基础？因为热力学第二定律告诉我们，封闭的状态下必然熵死。2012 年，任总在与 2012 实验室的座谈中，第一次公开在内部提到了熵。他说“自主创新就陷入熵死里面，这是一个封闭系统”。所以华为是非常反对封闭的，封闭意味着熵死。

我们看一下华为的活力引擎模型，它上面的入口吸收宇宙能量，下面的出口是扬弃糟粕。模型右边列的是企业和个人的自然走向，是熵增的，是让企业失去发展动力的。模型左边列的是远离平衡和开放的耗散结构，是熵减的。华为这台活力引擎的轴心就是客户，是否为客户创造价值是用来判断有序无序、熵增熵减的标准和方向。

我们可以从宏观和微观两个方面来理解这个模型。

企业宏观层面，把华为视为一个生命整体，要从企业整体运作的战略高度解决熵增。华为选择的方式有两个：厚积薄发和开放合作。

厚积薄发在这个引擎中的作用，可以理解为把财富的厚度转化为发展的高度：就是消耗多余的物质财富，打破平衡静止，避免物质财富过多导致的熵增，另一方面又建立起新的企业发展势能。任总曾经提到过的有：

• 32 年来朝着一个城墙口进攻。

• 用范弗里特弹药量进攻（范弗里特弹药量就是指大规模、密集型、压强式地进攻）。

• 华为过去 10 年 3200 亿元的研发投入正是“厚积薄发”这一理念的典型体现。开放合作呢？华为从战略到文化，其实都是在遵从一种开放的架构，比如：

一杯咖啡吸收宇宙的能量（知识吸收方面的开放）；

炸开人才金字塔（人力资源政策的开放）；

要把华为的主航道修得宽到不可想象，什么样的船都能在上面开（华为战略层面的开放）；

心声社区就是开放的罗马广场（内部企业文化的开放，坦率面对批评和自我批评）；

要用美国砖、欧洲砖来造我们的万里长城（在技术、研发、流程方面的开放纳新，不一味追求自主创新）；

……

再看个人的微观层面。微观层面就是人，华为希望从人力资源管理角度，探索如何激发生命的活力，激发员工的活力，解决人的惰怠和熵增，从而产生华为发展的力量。

用一句话来总结，熵减的目的就是“每个人在最佳时间，以最佳角色，做出最佳贡献”。结合任总最近的一些讲话，熵减包括炸开人才金字塔，破格提拔，向满广志、向坤山学习，激发人的正能量，用合理的价值分配来撬动价值创造，吐故纳新，淘汰倦怠员工，等等。

用任总的话来说：“战略预备队循环流动是熵减，干部增加实践知识是熵减，破格提拔干部也是熵减，合理的年龄退休也是熵减……”

平静的水面，如果不引入任何外部的力量，那么它最终会成为一潭死水，但是水面上层层的涟漪告诉我们，外部的系统，可能是一颗石子，也可能是天空中的雨滴，打破了这种平静，带来了生命的活力。

这就是熵带给我们的意义。

“问渠那得清如许，为有源头活水来。”

（作者马春皎，笔名马蹄山厂妹）